Recettes de filles

Pas besoin d'être un cordon bleu confirmé pour réussir les recettes qui suivent. Il faut simplement avoir envie de cuisiner, pour soi, sa famille ou ses amis. Sortez de la routine, c'est le moment d'essayer des plats qui changent un peu et de combiner des saveurs nouvelles. Pas de soucis : la réussite est garantie puisque ces recettes sont déjà « passées trois fois à la casserole » avant de vous être proposées. Alors, à vos fourneaux !

Sommaire

Avant de commencer

Faire la cuisine peut être très amusant, mais cette activité exige un minimum d'attention. Pensez à respecter quelques principes simples d'hygiène et de sécurité. Tirez également parti de vos échecs en essayant de comprendre pourquoi vous avez raté une recette. Voici quelques trucs et astuces pour passer un bon moment en cuisinant.

Lavez soigneusement vos mains avant de cuisiner.

Vous pouvez utliser des gants pour manipuler les aliments.

L'hygiène

- Lavez soigneusement vos mains à l'eau chaude et au savon puis essuyez-les bien avant de manipuler les ingrédients, surtout si ces derniers ne sont pas cuits. N'oubliez pas de vous brosser les ongles. Attachez vos cheveux. Ne cuisinez pas si vous êtes malade.
- N'utilisez pas la même planche à découper pour les aliments crus, les fruits de mer ou la volaille, pour le pain et les fruits ou légumes. D'une manière générale, les aliments crus et les aliments cuits doivent être traités sur des supports différents.
- De la même manière, vous prendrez des couteaux différents pour couper les aliments crus et les aliments cuits, les légumes et les viandes ou poissons. Si vous n'avez qu'un seul très bon couteau à découper, lavez-le et séchez-le bien après chaque emploi.
- Lavez les récipients et ustensiles avec de l'eau chaude et du liquide vaisselle. Essuyez-les bien avec un torchon propre.
- Lavez les fruits et les légumes à l'eau froide avant de les préparer. Jetez tous les aliments tachés ou abîmés. Veillez à la fraîcheur des produits que vous cuisinez.
- Les bactéries se développent très vite sur les aliments à température ambiante, particulièrement quand il fait chaud. Rangez au réfrigérateur tous les produits frais ou cuisinés dès que vous ne les utilisez plus, notamment les viandes, volailles et poissons.
- Si vous devez faire décongeler un aliment, mettez-le au réfrigérateur (ou utilisez le micro-ondes) mais ne le laissez jamais à température ambiante. La décongélation au réfrigérateur est plus lente mais elle est aussi plus sûre...
- Rangez les viandes dans le bas du réfrigérateur pour éviter qu'elles ne coulent sur les autres aliments. Si la viande a coulé, nettoyez aussitôt le réfrigérateur.
- Nettoyez régulièrement le plan de travail et toutes les surfaces utilisées pour cuisiner. Remplacez souvent torchons et essuie-mains.

Attention, danger !

- Rangez les placards à provision pour éviter qu'à l'ouverture, paquets, conserves ou bouteilles ne s'écrasent à terre.
- Faites attention aux queues des casseroles qui dépassent de la cuisinière : vous pourriez vous brûler très gravement si vous les renversiez. Tournez-les sur le côté ou vers le mur.

• Soyez vigilant quand vous manipulez liquides et aliments chauds. Un tablier ou des vêtements couvrants vous protégeront des éclaboussures.

• Les bons couteaux de cuisine doivent être très bien affûtés. Ils sont donc très coupants. Faites très attention à vos doigts. Dirigez le couteau vers l'extérieur quand vous émincez des aliments.

• Ne laissez pas les couteaux et plus généralement tous les ustensiles dangereux à portée de main des plus petits.

• Ne faites jamais rien cuire sans surveillance. Si vous devez quitter la pièce, éteignez le feu.

• Utilisez un minuteur pour savoir quand les aliments sont cuits.

• Faites attention à la vapeur brûlante quand vous soulevez les couvercles. Évitez aussi de laisser un torchon humide sur le couvercle d'une casserole dans laquelle quelque chose a cuit longtemps : le tissu peut vous brûler.

• Utilisez toujours des gants de cuisine pour sortir les plats du four ou du micro-ondes.

• Prenez garde aux éclaboussures quand vous soulevez le couvercle d'un récipient qui sort du micro-ondes.

• Faites très attention aux appareils électriques (robot, grille-pain, etc.). Ne les branchez pas à proximité de l'évier. Débranchez le mixeur dès que vous avez fini de l'utiliser (et avant de récupérer les aliments).

Les indispensables

Pour débuter, inutile d'acheter une batterie de cuisine trop sophistiquée. Choisissez plutôt de bons ustensiles. Et faites marcher votre sens pratique quand il vous manque certains instruments : une bouteille en verre remplie d'eau et bien fermée pourra ainsi faire office de rouleau à pâtisserie si elle n'a pas une forme bombée.

• Pour cuire : quatre bonnes casseroles à fond épais de tailles différentes, une poêle antiadhésive à fond épais, une bonne cocotte allant au four, un plat à gratin, un ou deux moules à tarte et un ou deux moules à cake. Sans oublier quelques saladiers ou récipients pour faire les mélanges et pour servir…

• Pour travailler : de très bons couteaux (un petit pour les légumes, un plus gros pour la viande et les poissons) et un outil pour les affûter, un épluche-légumes, quelques cuillères en bois, une spatule souple, une passoire, un tamis fin, un rouleau à pâtisserie, un verre gradué, un ouvre-boîtes, des ciseaux de cuisine, une planche à découper.

• Un bon robot (très cher) ou à défaut un batteur électrique et un mixeur (pas encombrants du tout, les mixeurs pour bébés, avec un petit bol, sont très pratiques et bon marché). On trouve aussi dans le commerce des petits hachoirs à main (pour les oignons, les herbes, etc.), des râpes et autres outils pratiques et faciles à ranger.

Tenez bien le manche des couteaux pour éviter de vous blesser.

Mettez des gants de cuisine pour sortir les plats du micro-ondes

Éloignez du feu les queues des casseroles.

Petits conseils pour débuter

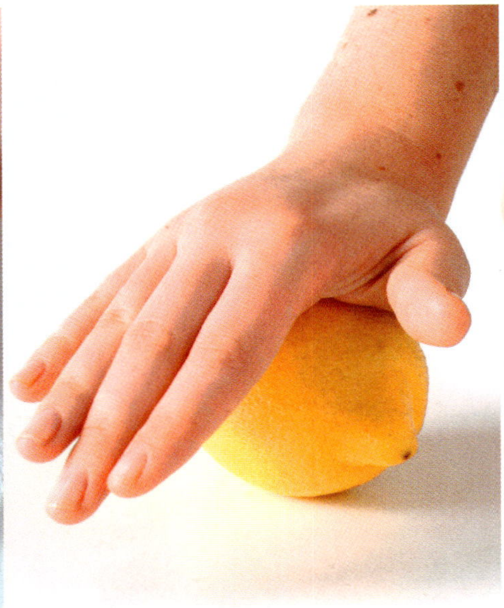

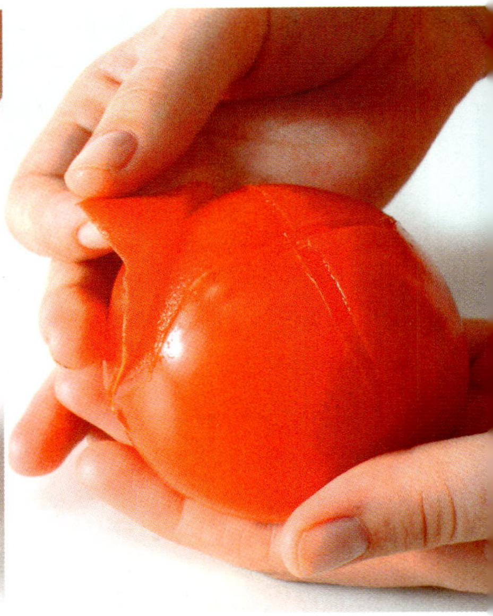

▲ *Pour prélever des zestes d'agrumes*
Utilisez un zesteur (comme sur la photo) ou un épluche-légumes. Faites attention à ne pas prélever la peau blanche sous le zeste car elle est très amère. Faites tomber les zestes sur du papier absorbant ou dans une petite assiette.

▼ *Pour émincer une tige de citronnelle*
La citronnelle ayant beaucoup de fibres, éliminez les racines et tout le vert en haut des tiges (ces parties sont dures). Coupez ensuite le blanc de la tige en tranches aussi fines que possible car ces morceaux vont rester entiers en cuisant.

▲ *Pour presser un citron*
Vous obtiendrez plus de jus si vous roulez le citron (ou l'orange) sur une surface plane, en appuyant bien avec la paume de la main. Auparavant, mettez le citron 30 secondes au micro-ondes ou faites-le tremper 1 minute dans de l'eau chaude.

▼ *Pour couper une carotte en bâtonnets*
N'utilisez que la partie la plus épaisse, celle qui se trouve près des feuilles (gardez le reste pour un autre usage). Coupez la carotte en tranches épaisses puis recoupez les tranches en petits bâtons.

▲ *Pour enlever la peau des tomates*
Avec la pointe d'un couteau, faites une petite croix à la base des tomates puis mettez-les 2 minutes dans l'eau bouillante. Rincez-les ensuite à l'eau froide. La peau va s'enlever facilement, en partant de la croix.

▼ *Pour préparer une salade verte*
Avec un couteau pointu, retirez le trognon de la salade puis détachez les feuilles extérieures et jetez celles qui sont trop épaisses ou abîmées. Lavez les autres. Faites tremper le cœur dans de l'eau froide

▲ *Pour épépiner les tomates* Il n'est pas nécessaire de les peler tomates. Coupez chaque tomate en deux, enlevez la partie dure à l'intérieur puis retirez les pépins et la pulpe avec une petite cuillère. Mettez-les dans un bol si vous voulez les utiliser pour une sauce.

▼ *Pour enlever les arêtes d'un filet de poisson* Cherchez attentivement les arêtes et enlevez-les avec une pince à épiler. Commencez par vous laver les mains puis mettez un peu de gros sel sur le bout de vos doigts : vous aurez ainsi une meilleure prise sur les arêtes.

▲ *Pour conserver les oignons verts* Si vous ne les utilisez pas tous immédiatement, coupez les extrémités (racine et tige) et enlevez les premières feuilles extérieures. Enveloppez-les dans du papier absorbant et mettez-les au réfrigérateur dans une boîte étanche.

▼ *Pour préparer les pommes et les poires* Commencez par retirer la peau (si c'est demandé dans la recette). Ensuite, coupez les fruits en deux et enlevez le cœur. Faites tremper les moitiés de pomme ou de poire dans de l'eau citronnée pour les empêcher de noircir.

▲ *Pour couper les oignons verts* Le plus simple est d'utiliser des ciseaux de cuisine. Coupez-les en deux ou en quatre dans la longueur avant de les émincer plus finement.

▼ *Pour faire des boulettes de viande* Mouillez légèrement vos doigts (cela empêchera la viande de coller) avant de façonner les boulettes. Disposez-les en une seule couche sur un plateau recouvert de film alimentaire et mettez-les 30 minutes au réfrigérateur pour les faire raffermir.

▲ *Pour faire rôtir noix ou amandes*
Cette opération développe les saveurs des fruits secs. Mettez-les dans une poêle antiadhésive (sans matière grasse) et faites-les dorer à feu moyen en les remuant souvent. Vous pouvez aussi les faire griller au four, sur une plaque de cuisson recouverte de papier sulfurisé.

▲ *Pour émincer les oignons*
Commencez par enlever la peau puis coupez l'oignon en deux dans la hauteur. Posez une moitié sur une planche à découper, tenez-la bien d'une main tandis que de l'autre, avec un bon couteau, vous découpez des tranches fines. Recommencez avec l'autre moitié.

▲ *Pour préparer les herbes aromatiques*
Pour les herbes longues, utilisez des ciseaux de cuisine. Pour les feuilles, roulez-les en « cigares » puis découpez-les en fines lanières avec un bon couteau.

▼ *Pour dégraisser le jambon et le bacon*
Généralement, il faut ôter la couenne et le gras du jambon et du bacon. Prenez des ciseaux de cuisine ou un bon couteau et retirez la couenne en enlevant tout le gras possible.

▼ *Pour préparer les poivrons*
Commencez par couper le poivron en deux puis en quatre. Enlevez le cœur et grattez l'intérieur du poivron pour qu'il ne reste aucun pépin. Retirez aussi les membranes blanches. Découpez le poivron à votre convenance ou comme indiqué dans la recette.

▼ *Pour faire griller des poivrons*
Après avoir enlevé les pépins, mettez les quartiers de poivron sur une plaque de cuisson, la peau tournée vers le haut. Faites-les griller au four. Quand la peau est boursouflée, mettez-les dans un sac alimentaire et laissez-les reposer 10 minutes avant de les peler.

▲ *Pour préparer un avocat*
Faites quelques entailles en longueur dans la peau avec la pointe d'un couteau. Détachez ensuite cette dernière avec les doigts puis coupez l'avocat en deux et retirez le noyau. Découpez la chair en fines lamelles.

▲ *Pour séparer les blancs et les jaunes*
Pour être séparés facilement, les œufs doivent être froids. Tapez la coquille avec le dos d'une lame de couteau (au-dessus d'un bol) pour la diviser en deux. Laissez glisser le blanc dans le bol puis faites passer le jaune d'une coquille à l'autre pour éliminer le reste de blanc.

▲ *Pour préparer plusieurs œufs*
Si dans une recette vous avez besoin de plusieurs œufs, cassez-les l'un après l'autre en utilisant deux bols : si un œuf est mauvais, vous pourrez le jeter sans perdre le reste. Attention, ne gardez jamais les œufs dont la coque est fêlée.

▼ *Pour préparer des gousses d'ail écrasées* Comme la peau de l'ail est assez adhérente, commencez par écraser les gousses entières avec le plat d'une lame de couteau. La peau se détachera facilement.

▼ *Pour faire fondre du chocolat*
Coupez la tablette en morceaux et mettez ces derniers dans un récipient allant au micro-ondes. Faites fondre le chocolat 1 minute (sur « moyen-doux ») puis retirez-le du four. Mélangez bien et remettez-le au micro-ondes jusqu'à ce qu'il soit fondu.

▼ *Pour graisser une plaque de cuisson*
Avec un pinceau, badigeonnez d'huile ou de beurre fondu (ou de margarine) la plaque de cuisson. Faites attention à ne pas en mettre trop et à ne pas déborder de la plaque.

Les brunchs

Œufs cocotte au jambon et aux oignons

Pour 4 personnes

PRÉPARATION 10 MINUTES • CUISSON 10 MINUTES

50 g de jambon blanc coupé en fines lanières
2 oignons verts émincés
4 œufs
40 g de fromage râpé

1 Préchauffez le four à 180 °C. Beurrez généreusement 4 ramequins.
2 Répartissez le jambon et les oignons verts dans les ramequins. Cassez les œufs un à un dans un petit bol puis versez-les sur ce mélange, en prenant soin de ne pas briser le jaune. Saupoudrez de fromage râpé.
3 Faites cuire les œufs au four 10 minutes : le jaune doit être juste saisi.

Par portion lipides 9,1 g ; 129 kcal

ASTUCE

Vérifiez la date de ponte ou d'emballage sur la boîte d'œufs et choisissez-les extra-frais pour cette recette car le jaune est juste cuit. Réservez les œufs moins récents pour les omelettes ou les soufflés.

Détaillez le jambon en fines lanières à l'aide d'un couteau bien affûté.

Cassez les œufs un à un dans un petit bol avant de les répartir dans les ramequins.

Gaufres aux fraises

Pour 4 personnes

PRÉPARATION 15 MINUTES • CUISSON 10 MINUTES

8 petites gaufres
20 g de beurre
500 g de fraises équeutées et coupés en deux ou en quatre
125 ml de sirop d'érable

1 Préchauffez le four à 170 °C. Disposez les gaufres en une seule couche sur une grille et laissez-les chauffer 8 minutes au four.

2 Pendant ce temps, faites fondre le beurre dans une casserole puis ajoutez les fraises et laissez-les cuire 2 minutes à feu moyen, sans cesser de remuer. Versez le sirop d'érable et laissez cuire encore 2 minutes. Retirez du feu.

3 Répartissez les gaufres dans les assiettes de service, garnissez de fraises cuites et nappez de sirop. Servez aussitôt.

Par portion lipides 22,8 g ; 544 kcal

Astuces

• Vous trouverez des gaufres de formes très variées dans les épiceries fines et dans certaines grandes surfaces.

• Utilisez pour cette recette du vrai sirop d'érable (en vente dans les magasins diététiques et en grande surface) et non pas un substitut aromatisé.

• Vous pouvez accompagner ces gaufres de yaourt brassé ou de fromage blanc.

Faites chauffer les fraises à feu doux en remuant délicatement pour éviter qu'elles ne se défassent à la cuisson.

Muffins sucrés ou salés

Pour chaque recette, vous aurez besoin de 4 muffins (en vente en grande surface).

Tomate, épinards et fromage

PRÉPARATION 5 MINUTES • CUISSON 5 MINUTES

Faites chauffer le gril du four. Ouvrez les muffins en deux puis disposez sur chaque moitié quelques pousses d'épinards ou de roquette et deux tranches de tomate. Saupoudrez de fromage râpé puis faites griller le tout au four jusqu'à ce que le fromage ait fondu.

Par portion lipides 3,9 g ; 110 kcal

Banane, beurre de cacahuètes et miel

PRÉPARATION 5 MINUTES • CUISSON 5 MINUTES

Faites chauffer le gril du four. Ouvrez les muffins en deux puis étalez sur chaque moitié du beurre de cacahuètes et du miel. Répartissez dessus quelques tranches de banane et faites chauffer au four jusqu'à ce que le miel devienne liquide.

Par portion lipides 6,5 g ; 210 kcal

Fruits rouges et yaourt brassé

PRÉPARATION 5 MINUTES • CUISSON 5 MINUTES

Ouvrez les muffins en deux et faites-les dorer dans un grille-pain ou une poêle antiadhésive. Mélangez 150 g de confiture de framboise et 225 g de fruits rouges variés (si vous utilisez des fruits surgelés, faites-les décongeler au micro-ondes ou sortez-les 1 heure à l'avance). Étalez ce mélange sur les muffins et garnissez de yaourt brassé.

Par portion lipides 1,8 g ; 152 kcal

Thon et avocat

PRÉPARATION 10 MINUTES • CUISSON 5 MINUTES

Faites chauffer le gril du four. Ouvrez les muffins en deux. Écrasez à la fourchette un avocat bien mûr puis ajoutez-y une petite boîte de thon au naturel égoutté et 1 cuillerée à soupe de jus de citron. Répartissez ce mélange sur les muffins et saupoudrez de fromage râpé. Passez les muffins au four jusqu'à ce que le fromage ait fondu.

Par portion lipides 9 g ; 163 kcal

▲ Tomate, épinards et fromage

▲ Banane, beurre de cacahuètes et miel

▼ Fruits rouges et yaourt brassé

▼ Thon et avocat

Omelette aux champignons, poivrons et fromage

Pour 4 personnes

PRÉPARATION 15 MINUTES • CUISSON 15 MINUTES

20 g de beurre
1 poivron rouge émincé très finement
200 g de champignons de Paris en tranches fines
2 c. s. de ciboulette ciselée
8 œufs
1 c. s. de lait
4 oignons verts émincés
60 g de fromage râpé

1 Faites fondre le beurre dans une poêle puis faites revenir le poivron, les champignons et la ciboulette pendant 4 minutes. Quand le mélange est cuit, mettez-le dans une assiette creuse et couvrez avec une autre assiette pour le garder chaud. Réservez la poêle sans l'essuyer : elle servira pour faire cuire l'omelette.

2 Cassez les œufs dans un saladier puis battez-les bien avant d'ajouter le lait et les oignons verts.

3 Faites chauffer la poêle que vous avez utilisée pour faire revenir les légumes puis versez les œufs battus dedans (si vous faites des omelettes individuelles, remettez un peu de matière grasse dans la poêle après chaque emploi). Inclinez la poêle en tous sens pour bien répartir les œufs puis laissez cuire 4 minutes sans remuer. Quand les bords sont pris, étalez délicatement le mélange champignons-poivron sur la moitié de l'omelette, saupoudrez de fromage râpé et rabattez l'autre moitié de l'omelette dessus à l'aide d'une spatule (en bois pour les poêles antiadhésives).

4 Faites glisser l'omelette sur un plat de service, coupez-la en quatre et servez aussitôt. Elle se déguste chaude avec du pain frais.

Par portion lipides 20,1 g ; 270 kcal

Astuces

• Vous pouvez préparer une seule grande omelette ou plusieurs omelettes individuelles. Dans ce cas, servez vos convives aussitôt et conseillez-leur de manger sans vous attendre… Pour gagner du temps, préparez tous les ingrédients à l'avance.

• Si vous utilisez une poêle antiadhésive, servez-vous d'une spatule en bois car les équipements en métal abîment le revêtement.

Faites cuire l'omelette à feu moyen jusqu'à ce que les bords soient pris.

Rabattez l'omelette sur la garniture en vous aidant d'une spatule.

Röstis au saumon fumé

Pour 4 personnes

PRÉPARATION 20 MINUTES • CUISSON 20 MINUTES

800 g de pommes de terre
2 c. s. d'huile végétale
120 g de fromage frais à tartiner allégé
1 c. s. de persil plat ciselé
1 c. s. de ciboulette ciselée
1 c. s. de jus de citron
150 g de saumon fumé

1 Râpez les pommes de terre puis pressez-les bien dans vos mains pour éliminer le plus d'eau possible. Divisez la préparation en huit et formez de petits disques sur une feuille de papier sulfurisé.

2 Faites chauffer l'huile dans une grande poêle et disposez dedans les röstis de pommes de terre en les pressant bien avec le dos d'une spatule. Quand les bords sont bien dorés, retournez les röstis et faites-les cuire sur l'autre face avant de les égoutter sur du papier absorbant.

3 Mélangez le fromage frais, les herbes et le jus de citron dans un récipient puis tartinez-en les röstis avant de les répartir dans les assiettes de service. Garnissez de saumon fumé et servez aussitôt.

Par portion lipides 16,1 g ; 302 kcal

Astuces

• Pour cette recette, choisissez des pommes de terre à chair farineuse (bintje), riches en amidon et qui ne contiennent pas beaucoup d'eau. La variété charlotte, à chair ferme, se prête néanmoins à une cuisson à l'huile.

• Vous pouvez acheter des herbes fraîches congelées : vendues en petites boîtes, elles sont déjà ciselées et très faciles d'utilisation.

• Vous pouvez remplacer le fromage frais allégé par de la faisselle ou du fromage de chèvre frais. Plus caloriques, ils ont aussi un goût plus riche. Pour les amateurs de saveurs authentiques…

Râpez les pommes de terre en utilisant la plus grosse grille de la râpe.

Pressez les pommes de terre dans vos mains pour éliminer le plus d'eau possible.

Aplatissez les röstis avec une spatule pour qu'elles dorent bien.

Pancakes et beurre à la framboise

Pour 4 personnes

PRÉPARATION 10 MINUTES • RÉFRIGÉRATION 30 MINUTES • CUISSON 20 MINUTES

300 g de farine à levure incorporée
75 g de sucre en poudre
2 œufs légèrement battus
600 ml de babeurre
50 g de beurre fondu
1 zeste de citron râpé
un peu d'huile pour la poêle
125 g de beurre ramolli
80 g de confiture de framboise

1 Mélangez la farine et le sucre dans un saladier. Incorporez progressivement les œufs battus, le babeurre, le beurre fondu et le zeste de citron, en fouettant vigoureusement pour obtenir une pâte lisse. Versez la pâte dans un récipient muni d'un bec verseur et mettez-la 30 minutes au réfrigérateur.

2 Graissez légèrement une poêle, faites-la chauffer à feu vif, puis versez dedans un peu de pâte (environ 1 louche ou 60 ml par pancake ; vous pouvez faire cuire 4 pancakes dans la même poêle pour gagner du temps). Laissez cuire jusqu'à ce que de petites bulles se forment à la surface puis retournez les pancakes pour les faire dorer sur l'autre face. Réservez au chaud pendant que vous faites cuire les autres pancakes ; vous devez en obtenir 16 en tout.

3 Fouettez le beurre ramolli au batteur électrique pour obtenir une mousse légère puis incorporez la confiture sans cesser de battre. Disposez 4 pancakes sur chaque assiette et garnissez de beurre de framboise. Servez aussitôt.

Par portion lipides 11,3 g ; 211 kcal

Versez un peu de pâte dans la poêle bien chaude en formant 4 petites crêpes.

Retournez les pancakes dès que des bulles se forment à la surface.

Porridge

Pour 4 personnes

PRÉPARATION 5 MINUTES • CUISSON 5 MINUTES

875 ml d'eau chaude
135 g de flocons d'avoine
125 ml de lait tiède

Mélangez l'eau et les flocons d'avoine dans une casserole et faites cuire 5 minutes à feu moyen, jusqu'à ce que le porridge soit bien crémeux. Ajoutez alors le lait. Accompagnez de la garniture de votre choix.

Par portion lipides 4,1 g ; 146 kcal

ASTUCE
Vous pouvez préparer cette recette au micro-ondes. Mélangez l'eau et les flocons d'avoine dans un récipient adapté à votre four, couvrez et faites cuire 2 minutes en réglant le four au maximum. Mélangez puis faites cuire à nouveau 3 minutes et demi. Remuez et laissez reposer 5 minutes à température ambiante avant d'ajouter le lait.

Compote de pomme et de poire

Pelez 1 pomme et une poire, retirez le cœur et les pépins puis coupez les fruits en morceaux. Mettez-les dans une casserole avec 80 ml de jus de pomme et 1 cuillerée à soupe de jus de citron. Portez à ébullition puis laissez frémir 15 minutes à couvert, en remuant de temps en temps. Quand tout le liquide est absorbé, retirez la casserole du feu et laissez tiédir la compote avant d'en garnir le porridge.

Par portion (avec le porridge) lipides 5 g ; 199 kcal

Sucre à la cannelle

Mélangez 1 cuillerée à soupe de cannelle en poudre et 2 cuillerées à soupe de sucre roux. Saupoudrez-en le porridge tiède. Vous pouvez également parfumer le sucre avec des graines de vanille ou du gingembre moulu.

Par portion (avec le porridge) lipides 4,1 g ; 180 kcal

Miel et yaourt à la vanille

Répartissez un peu de yaourt à la vanille sur le porridge puis nappez-le de miel liquide.

Par portion (avec le porridge) lipides 4,5 g ; 191 kcal

Muffins au maïs, fromage et bacon

Pour 12 pièces

PRÉPARATION 40 MINUTES • CUISSON 25 MINUTES

125 ml de lait
85 g de polenta précuite
3 tranches de bacon émincées très finement
4 oignons verts émincés
225 g de farine à levure incorporée
1 c. s. de sucre en poudre
310 g de grains de maïs égouttés
125 g de crème de maïs
100 g de beurre fondu
2 œufs légèrement battus
50 g de cheddar coupé en douze petits cubes
30 g de fromage râpé

1 Préchauffez le four à 200 °C. Graissez légèrement 12 petits moules à muffins.

2 Versez le lait dans un saladier, ajoutez la polenta, couvrez et laissez reposer 20 minutes à température ambiante.

3 Faites dorer le bacon 2 minutes dans une poêle antiadhésive puis ajoutez les oignons et laissez cuire le tout encore 2 minutes. Retirez la poêle du feu et laissez tiédir 5 minutes.

4 Mélangez la farine et le sucre dans un grand saladier. Ajoutez les grains de maïs, la crème de maïs et le mélange bacon-oignons, puis le beurre fondu, les œufs et la polenta. Remuez rapidement avec une fourchette pour que tous les ingrédients forment une pâte grossière.

5 Répartissez la moitié de la pâte dans les moules à mufins, ajoutez un cube de fromage dans chaque alvéole puis recouvrez avec le reste de pâte. Saupoudrez de fromage râpé et faites cuire 20 minutes au four. Démoulez les muffins sur une grille puis servez-les tièdes.

Par portion lipides 12,2 g ; 243 kcal

Astuce

Ces muffins n'exigent pas un grand savoir-faire ; il faut prendre soin cependant de ne pas trop mélanger les ingrédients à l'étape 4 car la pâte peut devenir collante.

À l'aide d'une fourchette, mélangez les ingredients pour obtenir une pâte grossière.

Déposez un cube de fromage dans les moules puis recouvrez-le de pâte.

Quand ils sont bien dorés, démoulez les muffins sur une grille en métal.

Müesli aux fruits secs et au miel

Pour 6 personnes

PRÉPARATION 15 MINUTES • CUISSON 15 MINUTES

180 g de flocons d'avoine
110 g de riz soufflé
15 g de son de blé ou de flocons de blé
40 g de graines de courge
1 c. c. de cannelle moulue
120 g de miel liquide
1 c. s. d'huile végétale
35 g de noix de coco grossièrement râpée
50 g d'abricots secs coupés en petits morceaux
30 g de pommes séchées coupées en petits morceaux
55 g de raisins secs
40 g d'airelles ou de canneberges séchées

1 Préchauffez le four à 180 °C.
2 Mélangez les flocons d'avoine et le riz soufflé puis étalez-les sur une plaque de cuisson et faites-les dorer 5 minutes au four.
3 Saupoudrez le son de blé, les graines de courge et la cannelle sur ce mélange. Mélangez dans un récipient le miel et l'huile puis nappez les céréales de ce mélange. Remettez au four 5 minutes avant d'ajouter la noix de coco râpée. Laissez cuire encore 5 minutes.
4 Transférez le müesli dans un récipient puis incorporez les fruits secs et mélangez bien. Servez avec du lait ou du yaourt.

Par portion lipides 12,8 g ; 414 kcal

Astuces

• On peut se procurer le riz soufflé et les flocons d'avoine ou de blé dans les épiceries bio (généralement en vente au détail donc vous ne prenez que la quantité dont vous avez besoin). Vous y trouverez aussi d'autres céréales transformées avec lesquelles vous pourrez réaliser de nouveaux mélanges.

• Vous pouvez tripler les quantités données pour cette recette et conserver le reste au réfrigérateur, dans un récipient hermétique. Le müesli peut se garder 3 mois.

Répartissez le son de blé, les graines de courge et la cannelle sur les céréales grillées.

Versez le miel et l'huile mélangés sur les céréales avant de les remettre au four.

Quand le müesli est bien doré, incorporez les fruits secs et mélangez bien.

Déjeuners sur le pouce

Sandwich à la grecque

Étalez une belle cuillerée d'houmous tout préparé sur une tranche de pain, recouvrez de fines tranches de concombre (gardez la peau) puis couvrez avec une autre tranche de pain pour fermer le sandwich.

Par portion lipides 4,9 g ; 167 kcal

Sandwich thon et maïs

Mélangez dans un petit bol 90 g de thon au naturel égoutté, 2 cuillerées à soupe bombées de grains de maïs doux et 1 cuillerée à soupe de mayonnaise. Garnissez-en une tranche de pain aux céréales, recouvrez de fines tranches de concombre (avec la peau) et terminez par une autre tranche de pain.

Par portion lipides 9,6 g ; 305 kcal

Sandwich fruits et Nutella

Tartinez généreusement de Nutella une tranche de pain, recouvrez de raisins secs puis de fines tranches de banane et fermez le sandwich avec une autre tranche de pain.

Par portion lipides 6,2 g ; 285 kcal

Sandwich au beurre de cacahuètes

Tartinez généreusement de beurre de cacahuètes deux tranches de pain. Garnissez l'une d'elles d'un peu de carotte et de céleri râpés. Couvrez avec la tranche de pain restante.

Par portion lipides 13,9 g ; 270 kcal

Sandwich poulet et avocat

Mélangez dans un petit bol 40 g de blanc de poulet cuit coupé en petits dés, un peu d'avocat détaillé en cubes et 1 cuillerée à soupe de jus de citron. Tartinez de fromage frais une tranche de pain puis garnissez-la de mélange poulet-avocat. Ajoutez quelques feuilles de salade (laitue, pousses de roquette, mâche) et couvrez avec une autre tranche de pain pour fermer le sandwich.

Par portion lipides 19,2 g ; 338 kcal

Sandwich fromage et crudités

Mélangez dans un petit bol 2 pleines cuillerées à soupe de cheddar grossièrement râpé, 2 cuillerées à soupe de carotte râpée, 2 cuillerées à soupe de céleri râpé et 1 cuillerée à soupe de crème liquide. Garnissez une tranche de pain de ce mélange et fermez le sandwich avec une autre tranche de pain.

Par portion lipides 16,1 g ; 293 kcal

Sandwich œuf et tomate

Mélangez dans un petit bol 1 tomate coupée en cubes (enlevez d'abord les pépins), 1 cuillerée à soupe de formage râpé, 1 œuf dur coupé en morceaux et 1 cuillerée à soupe de mayonnaise. Garnissez une tranche de pain de ce mélange, ajoutez un peu de salade verte et fermez le sandwich avec une autre tranche de pain.

Par portion lipides 16,6 g ; 301 kcal

Sandwich saucisse et fromage

Tartinez de moutarde douce une tranche de pain, ajoutez une fine tranche de fromage (cheddar, gruyère, leerdammer…) puis plusieurs tranches de saucisse cuite froide. Fermez le sandwich avec une autre tranche de pain tartinée elle aussi de moutarde douce.

Par portion lipides 21,3 g ; 347 kcal

Salade au poulet

Pour 4 personnes

PRÉPARATION 15 MINUTES • CUISSON 5 MINUTES

3 tranches de bacon coupé en fines lanières
4 œufs durs coupés en quatre
320 g de blanc de poulet grillé coupé en petits dés
600 g de cœurs de laitue
125 ml de sauce au yaourt toute prête
40 g de parmesan en copeaux

1 Faites dorer le bacon dans une poêle antiadhésive puis égouttez-le sur du papier absorbant.
2 Mélangez dans un grand saladier le bacon, les œufs durs, les dés de poulet et les cœurs de laitue défaits en feuilles. Assaisonnez de sauce au yaourt et mélangez. Décorez de copeaux de parmesan et servez sans attendre.

Par portion lipides 37,3 g ; 510 kcal

Salade de pâtes

Pour 4 personnes

PRÉPARATION 15 MINUTES • CUISSON 10 MINUTES

250 g d'orecchiette (petites pâtes creuses)
2 c. s. de tomates séchées conservées dans l'huile, égouttées et émincées
1 oignon rouge coupé en tranches très fines
1 poivron vert émincé très finement
1 petite poignée de persil plat ciselé

Assaisonnement

1 c. s. de purée de tomates séchées
1 c. s. de vinaigre de vin blanc
2 c. s. d'huile d'olive vierge extra

1 Faites cuire les pâtes dans un grand volume d'eau bouillante salée puis égouttez-les. Rafraîchissez-les sous l'eau froide et égouttez-les à nouveau.
2 Préparez l'assaisonnement.
3 Quand les pâtes sont froides, mettez-les dans un grand saladier avec le reste des ingrédients, nappez de sauce et mélangez. Servez aussitôt.

Assaisonnement Mettez tous les ingrédients dans un petit bol et fouettez vigoureusement pour obtenir une sauce homogène.

Salade de pommes de terre et kumara sauce moutarde

Pour 4 personnes

PRÉPARATION 15 MINUTES • CUISSON 15 MINUTES

800 g de petites pommes de terre à chair ferme
350 g de kumara (patate douce à chair orangée) épluché et coupé en cubes
150 g de haricots verts éboutés et coupés en deux
2 oignons verts émincés

Sauce moutarde

200 g de mayonnaise
1 c. s. d'eau
2 c. s. de miel liquide
2 c. c. de moutarde à l'ancienne

1 Faites cuire séparément, à l'eau ou à la vapeur, les pommes de terre, le kumara et les haricots verts. Égouttez-les. Épluchez les pommes de terre puis coupez-les en deux ou en quatre. Mettez-les dans un saladier avec le kumara. Rincez les haricots verts à l'eau froide puis égouttez-les bien.

2 Préparez la sauce.

3 Ajouter dans le saladier les haricots verts et les oignons verts, versez la sauce et mélangez.

Sauce moutarde Mélangez tous les ingrédients pour obtenir une sauce homogène.

Par portion lipides 16,6 g ; 385 kcal

Salade de bœuf thaïe

Pour 4 personnes

PRÉPARATION 20 MINUTES • CUISSON 10 MINUTES

500 g de rumsteak
60 g de vermicelles de riz
1 petit concombre coupé en tranches
100 g de tomates cerises
1 petit poivron rouge émincé très finement
3 oignons verts émincés
un peu de coriandre et de menthe ciselées

Sauce thaïe

60 ml de jus de citron vert
1 c. s. de sauce de poisson
1 c. s. de sucre roux
1 c. s. d'huile végétale

1 Faites cuire le rumsteak sur un gril en fonte préchauffé (comptez 5 minutes pour une viande saignante, un peu plus pour une viande à point). Laissez reposer 10 minutes avant de découper la viande en fines tranches.

2 Mettez les vermicelles dans un récipient, couvrez-les d'eau bouillante et laissez-les reposer jusqu'à ce qu'ils soient tendres. Égouttez-les puis coupez-les grossièrement avec des ciseaux de cuisine. Préparez la sauce.

3 Mettez les nouilles dans un récipient, ajoutez les tranches de viande et le reste des ingrédients. Ajoutez la sauce et mélangez.

Sauce thaïe Mettez tous les ingrédients dans un bocal muni d'un couvercle, fermez et agitez vigoureusement.

Par portion lipides 8,2 g ; 270 kcal

Soupe de tomates fraîches

Pour 4 personnes

PRÉPARATION 20 MINUTES • CUISSON 35 MINUTES

700 g de tomates bien mûres pelées, épépinées et coupées en morceaux
1 oignon brun haché grossièrement
200 g de céleri branche coupé en morceaux
1 gousse d'ail pilée
1 litre de bouillon de volaille
400 g de purée de tomate en boîte

1 Mettez les tomates, l'oignon, le céleri, l'ail et la moitié du bouillon dans une casserole. Portez à ébullition puis laissez frémir 15 minutes.

2 Quand les tomates sont bien cuites, retirez la casserole du feu et laissez reposer 5 minutes avant de mixer la soupe (procédez en plusieurs fois pour obtenir une soupe lisse). Ajoutez le reste du bouillon et la purée de tomate puis portez à ébullition. Baissez le feu et laissez frémir 10 minutes pour faire épaissir la soupe. Servez avec des croûtons de pain grillé.

Par portion lipides 1,3 g ; 78 kcal

Minestrone

Pour 4 personnes

PRÉPARATION 25 MINUTES • CUISSON 15 MINUTES

1 c. s. d'huile d'olive
1 petit oignon brun finement haché
1 gousse d'ail pilée
2 tranches de bacon émincées très finement
100 g de céleri branche coupé en petits morceaux
250 g de carottes râpées grossièrement
400 g de tomates concassées en boîte (avec leur jus)
500 ml de bouillon de bœuf
1 litre d'eau
65 g de pâtes courtes
250 g de courgettes râpées grossièrement
300 g de haricots secs en boîte, égouttés
1 poignée de basilic frais ciselé

1 Faites chauffer l'huile dans une casserole puis faites revenir l'oignon, l'ail, le bacon et le céleri pendant 5 minutes.

2 Ajoutez les carottes, les tomates avec leur jus, le bou llon, l'eau et les pâtes. Portez à ébullition puis laissez frémir 5 minutes. Quand les pâtes sont cuites, incorporez les courgettes et les haricots. Portez à nouveau à ébullition. Retirez du feu aussitôt et ajoutez le basilic. Accompagnez de parmesan râpé et de croûtons frits.

Par portion lipides 8,1 g ; 216 kcal

Soupe de potiron

Pour 4 personnes

PRÉPARATION 25 MINUTES • CUISSON 25 MINUTES

625 ml d'eau
1 kg de potiron épluché et coupé en cubes
200 g d'oignons bruns
300 g de tomates bien mûres pelées, coupées en quatre
20 g de gingembre frais râpé
250 ml de bouillon de volaille
150 ml de lait concentré

1 Mettez dans une casserole l'eau, le potiron, les oignons, les tomates, le gingembre et le bouillon. Portez à ébullition, couvrez puis laissez frémir 20 minutes.

2 Quand le potiron est cuit, mixez la soupe en plusieurs fois pour obtenir une consistance lisse. Ajoutez le lait et réchauffez à feu moyen sans laisser bouillir.

Par portion lipides 1,3 g ; 119 kcal

Potage aux légumes et au poulet

Pour 4 personnes

PRÉPARATION 30 MINUTES • CUISSON 20 MINUTES

1 petit poulet grillé
250 ml d'eau
1,25 litre de bouillon de volaille
200 g de céleri branche coupé en petits morceaux
250 g de carottes coupées en petits morceaux
300 g de pommes de terre coupées en cubes
150 g de pois gourmands émincés en biseau
3 oignons verts émincés
300 g de maïs doux en boîte égoutté

1 Coupez le poulet en morceaux, retirez la peau et prélevez toute la viande. Jetez les os et la peau. Coupez la viande en petits morceaux.

2 Versez l'eau et le bouillon dans une casserole. Portez à ébullition avant d'ajouter le céleri, les carottes et les pommes de terre. Faites bouillir à nouveau puis couvrez et laissez frémir 10 minutes environ : les carottes doivent être un peu croquantes.

3 Ajoutez les pois gourmands, l'oignon et les grains de maïs. Laissez cuire à nouveau 2 minutes puis incorporez le poulet en morceaux. Réchauffez à feu moyen sans laisser bouillir.

Par portion lipides 11,8 g ; 382 kcal

Les plats uniques

Pain garni au bœuf et salsa d'avocat

Pour 4 personnes

PRÉPARATION 15 MINUTES • CUISSON 10 MINUTES

2 c. s. d'huile d'olive
300 g d'oignons bruns émincés
4 petits steaks de 100 g chacun
1 gros avocat
2 tomates bien mûres épépinées et coupées en dés
1 c. s. de jus de citron vert
1 c. s. de coriandre fraîche finement ciselée
4 petits pains individuels

1 Faites chauffer la moitié de l'huile dans une poêle et laissez dorer les oignons pendant 5 minutes. Quand ils sont fondus, retirez-les de la poêle et réservez-les au chaud entre deux assiettes.

2 Faites chauffer le reste d'huile dans la même poêle et faites cuire les steaks à votre convenance (saignants ou à point mais pas trop cuits). Retirez-les de la poêle, couvrez-les d'une feuille d'aluminium et gardez-les au chaud.

3 Écrasez grossièrement l'avocat à l'aide d'une fourchette puis mélangez-le avec les dés de tomate, le jus de citron et la coriandre.

4 Coupez les pains en deux, faites-les griller rapidement puis garnissez-les de steak, d'oignons et de salsa d'avocat. Servez sans attendre.

Par portion lipides 32 g ; 695 kcal

▲ *Poulet tandoori*

▼ *Poulet au barbecue chinois*

▼ *Miel et yaourt à la vanille*

Grignotines de poulet

Comptez 10 minutes de préparation et 30 minutes de cuisson pour chaque recette (comptez également entre 3 et 12 heures pour faire mariner la viande). Les quantités sont données pour 4 personnes.

Poulet tandoori

1 kg d'ailes de poulet
100 g de pâte tandoori
95 g de yaourt brassé
1 oignon brun râpé

1 Coupez les ailes de poulet en trois (jetez les extrémités). Mettez-les dans un récipient avec la pâte tandoori, le yaourt et l'oignon. Remuez bien et laissez reposer au moins 2 heures au réfrigérateur.

2 Préchauffez le four à 220 °C. Disposez les morceaux de poulet en une seule couche sur une grille et faites-les dorer 30 minutes au four, en les retournant régulièrement.

Par portion lipides 17 g ; 328 kcal

Poulet au barbecue chinois

1 kg d'ailes de poulet
1 c. s. d'huile végétale
1 c. s. de sauce de soja
2 c. s. de sauce char sui ou sauce barbecue (épiceries asiatiques)
1 c. c. de cinq-épices en poudre

1 Coupez les ailes de poulet en trois (jetez les extrémités). Mélangez dans un bol l'huile, la sauce de soja, la sauce char sui et le cinq-épices puis badigeonnez-en les ailes de poulet. Couvrez et mettez au moins 3 heures au réfrigérateur.

2 Préchauffez le four à 220 °C. Égouttez les morceaux de poulet puis disposez-les en une seule couche sur une grille placée au-dessus de la lèchefrite. Faites-les dorer 30 minutes au four, en les badigeonnant régulièrement de marinade et en les retournant plusieurs fois.

Par portion lipides 13,5 g ; 284 kcal

Poulet texan

1 kg d'ailes de poulet
4 c. s. de sauce tomate
4 c. s. de sauce Worcestershire
4 c. s. de sucre roux
2 c. s. de moutarde douce

1 Coupez les ailes de poulet en trois (jetez les extrémités). Mélangez dans un grand saladier la sauce tomate, la sauce Worcestershire, le sucre et la moutarde. Réservez dans un bol la moitié de ce mélange et mettez-la au réfrigérateur. Ajoutez les ailes de poulet dans le saladier et remuez bien. Laissez reposer au moins 3 heures au frais.

2 Préchauffez le four à 220 °C. Égouttez les morceaux de poulet puis disposez-les en une seule couche sur une grille placée au-dessus de la lèchefrite. Faites-les dorer 30 minutes au four, en les badigeonnant régulièrement de marinade et en les retournant plusieurs fois. Servez avec la sauce réservée présentée dans 4 coupelles.

Par portion lipides 8,6 g ; 306 kcal

Coupez les ailes de poulet en trois morceaux au niveau des articulations.

Disposez les ailes de poulet sur une grille placée au-dessus de la lèchefrite.

Tartelettes de légumes à la grecque

Pour 4 personnes

PRÉPARATION 45 MINUTES • CUISSON 50 MINUTES

1 petite aubergine coupée en cubes
du gros sel
1 c. s. d'huile d'olive
1 oignon brun émincé très finement
2 courgettes coupées en tranches fines
4 rouleaux de pâte brisée
65 g de pesto
120 g de feta émiettée
16 tomates cerises coupées en deux
1 c. s. de basilic ciselé
1 œuf légèrement battu

1 Mettez les morceaux d'aubergine dans une passoire, saupoudrez de gros sel et laissez dégorger 15 minutes au-dessus d'une assiette. Rincez abondamment puis égouttez bien. Finissez de faire sécher les morceaux sur du papier absorbant. Préchauffez le four à 180 °C.

2 Faites chauffer l'huile dans une grande poêle antiadhésive puis faites revenir l'oignon en remuant. Quand il est bien doré, ajoutez les morceaux d'aubergine et les courgettes. Laissez cuire jusqu'à ce que les légumes soient tendres.

3 Découpez dans chaque rouleau de pâte un disque de 20 cm de diamètre, disposez les quatre disques sur une plaque de cuisson garnie de papier sulfurisé et tartinez généreusement le centre de pesto en laissant un bord de 4 cm.

4 Répartissez les légumes sur le pesto sans déborder puis garnissez de feta, de moitiés de tomates et de basilic. Soulevez les bords et rabattez-les légèrement sur les légumes. Badigeonnez la pâte d'œuf battu et faites cuire les tartes 40 minutes au four.

Par portion lipides 57,8 g ; 853 kcal

Faites dégorger les morceaux d'aubergine dans une passoire.

Étalez le pesto sur les disques de pâte en laissant un bord de 4 cm.

Rabattez les bords de pâte sur les légumes en les pinçant légèrement.

Croquettes de poisson aux légumes verts sautés

Pour 4 personnes

PRÉPARATION 30 MINUTES • RÉFRIGÉRATION 30 MINUTES • CUISSON 30 MINUTES

300 g de pommes de terre
3 c. s. d'huile végétale
1 oignon brun émincé très finement
1 gousse d'ail pilée
415 g de saumon en boîte égoutté
2 c. c. de zeste de citron râpé
quelques feuilles de persil plat ciselées
quelques feuilles de coriandre ciselées
2 œufs
35 g de farine
70 g de chapelure
300 g de pois gourmands
4 mini-bok choy coupés en deux dans la longueur
60 ml de sauce aux piments douce

1 Faites cuire les pommes de terre à l'eau ou à la vapeur, égouttez-les puis écrasez-les en purée dans un récipient.

2 Faites chauffer 1 cuillerée à soupe d'huile dans une poêle et faites revenir l'oignon et l'ail quelques minutes.

3 Détaillez à la main le saumon bien égoutté en petits morceaux (retirez les arêtes s'il en reste) puis mettez-le avec les pommes de terre. Ajoutez l'oignon et l'ail, le zeste de citron, le persil, la coriandre et 1 œuf légèrement battu. Mélangez bien pour former une pâte grossière puis diviser la préparation en 8 boulettes que vous presserez légèrement avec la paume de la main avant de les disposer sur une plaque. Mettez-les 30 minutes au réfrigérateur pour les faire raffermir.

4 Mettez la farine, l'œuf restant et la chapelure dans trois assiettes creuses. Farinez les galettes de poisson puis passez-les dans l'œuf battu avant de les enrober de chapelure. Faites chauffer 1 cuillerée à soupe d'huile dans une grande poêle puis faites dorer les galettes jusqu'à ce qu'elles soient cuites à cœur. Égouttez-les sur du papier absorbant et réservez-les au chaud.

5 Faites chauffer le reste d'huile dans une autre poêle et faites sauter les pois gourmands 2 minutes avant d'ajouter les bok-choy et 1 cuillerée à soupe d'eau. Laissez cuire encore 2 minutes à feu vif, jusqu'à ce que les légumes soient juste tendres.

6 Disposez 2 galettes de poisson dans chaque assiette, répartissez les légumes et servez avec la sauce aux piments.

Par portion lipides 23 g ; 465 kcal

Retirez les arêtes du poisson puis émiettez grossièrement la chair.

Pressez légèrement les boulettes de poisson pour former des galettes épaisses.

Farinez les galettes avant de les passer dans l'œuf battu puis dans la chapelure.

Salade de pâtes au poulet

Pour 4 personnes

PRÉPARATION 25 MINUTES • CUISSON 15 MINUTES

600 g de blancs de poulet
250 g de pâtes (penne, fusilli, farfalle, macaronis)
1 gros poivron rouge épépiné et coupé en dés
4 tomates olivettes épépinées et coupées en cubes
6 oignons verts émincés
200 g de feta coupée en cubes
80 g de pousses de roquette

Assaisonnement

60 ml d'huile d'olive
80 ml de vinaigre rouge (balsamique de préférence)
1 c. c. de moutarde forte
1 c. c. de sucre en poudre

1 Faites bouillir de l'eau dans une casserole puis mettez-y les blancs de poulet et laissez-les cuire 10 minutes ; l'eau doit juste frémir. Retirez la casserole du feu et laissez les blancs de poulet encore 10 minutes dans l'eau avant de les égoutter et de les découper en tranches fines . (Vous pouvez également les faire cuire sans matière grasse dans une poêle antiadhésive.)

2 Faites cuire les pâtes dans un grand volume d'eau bouillante salée puis égouttez-les et passez-les sous l'eau froide pour les rafraîchir. Égouttez-les à nouveau.

3 Préparez l'assaisonnement.

4 Mettez les blancs de poulet et les pâtes dans un grand saladier, ajoutez le reste des ingrédients puis la sauce. Mélangez bien. Servez à température ambiante ou bien froid.

Assaisonnement Mettez tous les ingrédients dans un bocal, fermez le couvercle et agitez vigoureusement.

Par portion lipides 29,9 g ; 687 kcal

Découpez les blancs de poulet en tranches.

Égouttez la feta puis découpez-la en cubes.

Frittata de légumes

Pour 4 personnes

PRÉPARATION 15 MINUTES • CUISSON 1 HEURE

La frittata est une sorte de grosse omelette garnie de légumes ou d'autres ingrédients. En général, on commence la cuisson à la poêle et on la termine au four pour faire dorer le dessus. Dans cette recette, pour simplifier, nous vous proposons de la préparer directement dans un moule à gâteau. Le temps de cuisson est plus long mais vous ne risquez pas de rater votre plat…

400 g de pommes de terre coupées en tranches fines
400 g de patates douces coupées en tranches fines
10 œufs
125 ml de crème fraîche
80 g de parmesan grossièrement râpé
60 g de cheddar grossièrement râpé
50 g de pousses de roquette
quelques feuilles de basilic ciselées

1 Préchauffez le four à 180 °C. Graissez légèrement un moule à gâteau rond ou carré puis garnissez le fond et les côtés de papier sulfurisé en le laissant largement dépasser. Graissez également le papier sulfurisé.
2 Faites cuire séparément, à l'eau ou à la vapeur, les pommes de terre et les patates douces puis égouttez-les bien.
3 Battez les œufs, la crème et les deux fromages dans un grand récipient. Le mélange doit être homogène et légèrement mousseux.
4 Étalez les tranches de pommes de terre au fond du moule en les faisant se chevaucher légèrement, recouvrez de pousses de roquette et terminez par une couche épaisse de patate douce. Saupoudrez de basilic avant de verser les œufs battus. Faites cuire 45 minutes au four. Pour vérifier la cuisson, enfoncez la pointe d'un couteau au centre : elle doit ressortir sèche. Quand la frittata est cuite et dorée, retirez-la du four et laissez-la reposer 5 minutes dans le moule avant de la découper. Servez chaud ou tiède.

Par portion lipides 36,4 g ; 555 kcal

Astuces

- Vous pouvez remplacer la roquette par des pousses d'épinard.
- Pour une recette moins calorique, utilisez de la crème allégée.

Disposez les légumes en couches successives dans le moule.

Versez les œufs battus en évitant de remuer les légumes.

Laissez reposer la frittata 5 minutes avant de la découper.

Nouilles sautées au bœuf

Pour 4 personnes

PRÉPARATION 30 MINUTES • CUISSON 25 MINUTES

1 c. s. d'huile végétale
500 g de viande de bœuf maigre hachée
1 oignon brun émincé
2 gousses d'ail pilées
1 c. s. de curry en poudre
1 carotte coupée en petits dés
2 tiges de céleri coupées en petits dés
150 g de champignons de Paris en tranches fines
250 ml de bouillon de volaille
80 ml de sauce d'huîtres
2 c. s. de sauce de soja
450 g de nouilles fraîches aux œufs
60 g de petits pois surgelés

1 Faites chauffer l'huile dans une grande poêle ou dans un wok et faites revenir à feu vif les oignons et l'ail, puis le bœuf. Quand la viande a bruni, ajoutez le curry et laissez cuire jusqu'à ce qu'il embaume (comptez environ 1 minute). Incorporez la carotte, le céleri et les champignons. Prolongez la cuisson à feu vif pour que les légumes soient juste tendres.

2 Versez le bouillon et les sauces, remuez puis ajoutez les nouilles et portez à ébullition. Ajoutez alors les petits pois et les haricots, puis le chou chinois. Réduisez le feu et terminez la cuisson en laissant frémir pendant 5 minutes. Servez aussitôt.

Par portion lipides 15,5 g ; 603 kcal

ASTUCE

• Dans l'idéal, cette recette chinoise doit se préparer dans un wok.

• Vous trouverez des nouilles fraîches dans les épiceries asiatiques (rayon frais). Vous pouvez les remplacer par des nouilles sèches, plus faciles à se procurer. Dans ce cas, vous devrez les faire tremper 3 à 4 minutes dans un grand volume d'eau bouillante avant de les ajouter dans le wok.

• On n'ajoute les petits pois, les haricots et le chou qu'en fin de cuisson pour qu'ils restent bien verts.

Avec un couteau bien affûté, découpez le chou en fines lanières.

Faites sauter le bœuf dans le wok jusqu'à ce qu'il brunisse.

Ajoutez les petits pois, les haricots et le chou en fin de cuisson.

Porc à la sauce satay

Pour 4 personnes

PRÉPARATION 20 MINUTES • CUISSON 20 MINUTES

Vous aurez besoin de 20 piques à brochette pour cette recette. Si vous utilisez des piques en bambou, faites-les tremper 1 heure dans l'eau froide pour éviter qu'elles ne brûlent à la cuisson.

210 g de beurre de cacahuètes
80 ml de crème de coco
60 ml de sauce aux piments douce
80 ml de bouillon de volaille
1 c. s. de jus de citron vert
500 g de filet de porc coupé en tranches fines
400 g de riz long
35 g de cacahuètes grillées grossièrement concassées
quelques feuilles de coriandre ciselées

1 Préchauffez le four à 180 °C.

2 Mélangez dans un récipient le beurre de cacahuètes, la crème de coco, la sauce aux piments, le bouillon et le jus de citron.

3 Découpez les tranches de porc en petits morceaux puis enfilez-les sur les piques à brochette avant de les disposer en une seule couche dans un grand plat rectangulaire peu profond. Nappez-les de sauce aux cacahuètes en les retournant plusieurs fois puis faites-les cuire 20 minutes au four.

4 Pendant ce temps, portez à ébullition 750 ml d'eau puis ajoutez le riz. Remuez bien. Baissez le feu et couvrez. Laissez cuire 15 minutes à très petits bouillons, sans ôter le couvercle et sans remuer. Quand tout le liquide est absorbé, retirez la casserole du feu et laissez le riz reposer 5 minutes, sans lever le couvercle ; le riz sera parfaitement cuit tout en restant un peu ferme (et surtout il ne collera pas).

5 Répartissez le riz dans des assiettes creuses, ajoutez 5 brochettes par assiette et nappez de sauce. Saupoudrez de cacahuètes concassées et de coriandre. Servez aussitôt.

Par portion lipides 37,7 g ; 904 kcal

Enfilez les morceaux de porc sur les piques à brochette.

Nappez les brochettes de sauce avant de les faire cuire.

Rissoles d'agneau aux pommes de terre écrasées et aux tomates cerises

Pour 4 personnes

PRÉPARATION 20 MINUTES • CUISSON 35 MINUTES

500 g de viande d'agneau hachée
1 gros oignon brun émincé très finement
1 gousse d'ail pilée
1 œuf
35 g de chapelure
1 c. s. d'huile d'olive
500 g de petites pommes de terre nouvelles
20 g de beurre
1 c. s. de farine
200 ml de bouillon de légumes
1 c. s. de feuilles de romarin frais
250 g de tomates cerises

1 Mélangez bien la viande hachée, l'oignon, l'ail, l'œuf et la chapelure. Formez 8 boulettes avec cette préparation.

2 Faites chauffer l'huile dans une poêle et faites dorer les boulettes pendant 15 minutes, en les retournant régulièrement pour qu'elles cuisent uniformément.

3 Pendant ce temps, faites cuire les pommes de terre à l'eau ou à la vapeur (gardez la peau) puis égouttez-les avant de les écraser grossièrement. Ajoutez le beurre et réservez au chaud.

4 Retirez les rissoles d'agneau de la poêle (gardez-les au chaud) puis saupoudrez la farine sur leur jus de cuisson et laissez frémir en remuant sans cesse. Quand la sauce a bruni, versez progressivement le bouillon, cuillerée par cuillerée et en remuant vigoureusement après chaque ajout pour que la sauce reste homogène. Continuez de remuer jusqu'à ce que la sauce frémisse et épaississe. Passez le mélange dans un tamis fin et ajoutez le romarin. Réservez au chaud.

5 Faites revenir les tomates 2 minutes à feu vif dans une poêle légèrement graissée. Répartissez-les ensuite dans les assiettes de service bien chaudes, avec les rissoles d'agneau et les pommes de terre écrasées. Nappez de sauce et servez aussitôt.

Par portion lipides 23 g ; 455 kcal

Faites cuire les rissoles dans de l'huile bien chaude.

Écrasez grossièrement les pommes de terre avec un presse-purée.

Faites revenir la farine dans le jus de cuisson des rissoles.

Gratin de pâtes aux légumes

Pour 6 personnes

PRÉPARATION 25 MINUTES • CUISSON 50 MINUTES

400 g de chair de potiron coupée en gros cubes
500 g d'épinards nettoyés et coupés grossièrement
150 g de spaghettis très fins
2 c. s. d'huile d'olive
1 petit poireau émincé (sans le vert)
160 ml de bouillon de légumes
150 g de ricotta
180 ml de crème fraîche allégée
400 g de sauce tomate toute prête
80 g de fromage râpé

1. Faites chauffer le four à 180 °C.
2. Faites cuire le potiron à l'eau ou à la vapeur puis égouttez-le et réduisez-le en purée. Faites cuire les épinards dans un peu d'eau, hachez-les grossièrement puis mettez-les dans un grand plat sur du papier absorbant pour les égoutter au maximum.
3. Faites cuire les pâtes 5 minutes dans un grand volume d'eau bouillante salée puis égouttez-les.
4. Faites chauffer l'huile dans une sauteuse et faites revenir le poireau pendant 5 minutes pour qu'il soit très tendre. Ajoutez la purée de potiron et le bouillon en remuant bien et laissez cuire 5 minutes. Tout le liquide doit être absorbé.
5. Mélangez la crème et la ricotta dans un récipient.
6. Étalez la purée de potiron dans un plat à gratin légèrement graissé, ajoutez successivement la moitié des pâtes, la sauce tomate, le reste des pâtes, les épinards et enfin le mélange ricotta-crème fraîche. Saupoudrez de fromage râpé et faites cuire 30 minutes au four. Quand le dessus est gratiné, retirez du four et laissez reposer 5 minutes avant de servir.

Par portion lipides 25,5 g ; 427 kcal

Égouttez les épinards grossièrement hachés sur du papier absorbant.

Faites chauffer le potiron en remuant pour obtenir une purée lisse.

Disposez les pâtes sur la sauce en une couche uniforme.

Darnes de saumon et petits légumes en papillotes

Pour 4 personnes

PRÉPARATION 15 MINUTES • CUISSON 25 MINUTES

60 ml de sauce aux piments douce
160 ml de crème de coco
4 darnes de saumon de 200 g chacune
300 g de mini-épis de maïs frais coupés en deux dans la longueur
200 g de germes de soja frais
1 petit bouquet de coriandre fraîche
1 peu d'huile végétale

Riz jasmin

200 g de riz jasmin
40 g de beurre

1 Préchauffez le four à 180 °C.

2 Mélangez la sauce aux piments et la crème de coco dans un récipient puis ajoutez les darnes de saumon en les retournant plusieurs fois pour les couvrir de sauce. Mettez dans un autre récipient les épis de maïs, les germes de soja et les feuilles de coriandre.

3 Découpez 4 grandes feuilles de papier alu et graissez-les très légèrement (étalez du bout des doigts la valeur d'une demi-cuillerée à soupe d'huile sur chaque feuille). Disposez un quart des légumes sur un des côtés de chaque feuille, couvrez avec une darne de saumon et nappez de 2 cuillerées à soupe de crème de coco à la sauce aux piments. Rabattez l'autre côté de la feuille d'alu sur le poisson et roulez les bords pour fermer hermétiquement la papillote.

4 Mettez les papillotes sur une grille et faites les cuire 25 minutes au four. Pendant ce temps, préparez le riz jasmin.

5 Sortez les papillotes du four. Répartissez le riz dans les assiettes de service. Ouvrez les papillotes et transférez délicatement les darnes de saumon dans les assiettes ; garnissez de légumes et arrosez de sauce. Servez aussitôt.

Riz jasmin Mettez le riz et le beurre dans une casserole, versez l'eau et portez à ébullition. Dès les premiers bouillons, baissez le feu, couvrez hermétiquement et laissez frémir 15 minutes. Retirez alors la casserole du feu sans ôter le couvercle ; laissez reposer 5 minutes.

Par portion lipides 24,5 g ; 652 kcal

Disposez les légumes et le poisson à 4 cm du bord de la feuille d'alu.

Rabattez l'autre côté de la feuille sur le poisson et fermez la papillote.

Ouvrez délicatement les papillotes pour garder les darnes de poisson intactes.

Pizzas variées

Recette de base

Cette recette vous permet de préparer deux fonds de pâte (comptez 1 pizza pour 4 personnes). N'hésitez pas à varier les garnitures. Vous pouvez servir ces pizzas à l'apéritif en les découpant en petits carrés.

Pour 2 fonds de pâte

PRÉPARATION 45 MINUTES • REPOS 1 HEURE • CUISSON 20 MINUTES

2 c. s. de levure de boulanger
1 c. c. de sucre en poudre
1 c. c. de sel fin
180 ml d'eau chaude
375 g de farine
2 c. s. d'huile d'olive

1 Mettez la levure, le sucre, le sel et l'eau dans un récipient. Remuez bien, couvrez et laissez reposer 20 minutes dans un endroit chaud. Le mélange doit mousser légèrement.

2 Mélangez la farine et l'huile dans un grand saladier puis incorporez progressivement la levure. Pétrissez la pâte 5 minutes sur un plan de travail fariné pour la rendre élastique puis formez une boule et mettez-la dans un grand récipient légèrement huilé. Laissez gonfler 1 heure dans un endroit chaud : la pâte doit doubler de volume.

3 Étalez la pâte sur une surface farinée puis pétrissez-la à nouveau pendant 5 minutes. Ramassez-la en boule, divisez-la en deux et abaissez-la pour obtenir 2 fonds de pizza. Transférez-les délicatement sur une plaque de cuisson légèrement huilée et garnissez-les à votre convenance.

Abaissez la pâte avec un rouleau à pâtisserie.

Disposez les fonds de pâte sur une plaque légèrement huilée.

Étalez la sauce tomate avec le dos d'une grande cuillère ;

▼ *Pizza jambon-ananas*

▼ *Pizza poulet-champignons*

Pizza suprême

Badigeonnez d'huile d'olive le fond de pâte puis étalez dessus 2 cuillerées à soupe de sauce tomate. Garnissez la pizza avec 50 g de mozzarella râpée, 40 g de bacon émincé, 40 g de salami émincé, 60 g de poivron rouge en fines lanières et 30 g de champignons de Paris en tranches très fines. Saupoudrez avec 50 g de mozzarella râpée et faites cuire aussitôt.

Par portion lipides 19,1 g ; 390 kcal

Pizza poulet-champignons

Badigeonnez d'huile d'olive le fond de pâte. Mélangez 2 cuillerées à soupe de sauce tomate et 2 cuillerées à soupe de sauce barbecue puis nappez-en la pizza. Garnissez-la avec 50 g de mozzarella râpée, 160 g de blanc de poulet grillé coupé en petits dés et 30 g de champignons de Paris coupés en tranches fines. Saupoudrez avec 50 g de mozarella râpée et faites cuire aussitôt.

Par portion lipides 15,4 g ; 402 kcal

Pizza jambon-ananas

Bacigeonnez d'huile d'olive le fond de pâte puis étalez dessus 2 cuillerées à soupe de sauce tomate. Garnissez la pizza avec 50 g de mozzarella râpée, 70 g de jambon blanc et 70 g d'ananas en boîte bien égoutté et coupé et petits morceaux. Saupoudrez avec 50 g de mozzarella râpée et faites cuire aussitôt.

Par portion lipides 12,7 g ; 333 kcal

Pizza végétarienne

Badigeonnez d'huile d'olive le fond de pâte puis étalez dessus 2 cuillerées à soupe de sauce tomate. Garnissez la pizza avec 50 g de mozarella râpée, 130 g de poivrons rouges grillés et marinés (égouttez-les bien), 1 cuillerée à soupe d'olives noires grossièrement hachées et 75 g de tomates marinées dans l'huile (bien égouttées). Saupoudrez avec 50 g de mozarella râpée et faites cuire aussitôt.

▼ *Pizza jambon-ananas*

▼ *Pizza végétarienne*

Petits creux ou plateaux télé

Pain à la cannelle

Beurrez 2 tranches de pain de mie. Mélangez 2 cuillerées à soupe de sucre en poudre et 1 cuillerée à soupe de cannelle en poudre puis saupoudrez-en le pain beurré. Faites dorer au four 2 minutes.

Par portion lipides 2,7 g ; 94 kcal

Brioche aux poires

Détaillez en tranches très fines une demi-poire bien mûre. Garnissez-en une tranche de pain brioché et saupoudrez de sucre en poudre. Faites griller 2 minutes au four.

Par portion lipides 1,2 g ; 112 kcal

Bagel à la mexicaine

Coupez en ceux 1 bagel (petit pain rond à mie très serrée). Badigeonnez chaque moitié de sauce pimentée puis garnissez-les de petits morceaux d'avocat bien mûr. Saupoudrez de fromage râpé et faites gratiner 5 minutes au four.

Par portion lipides 15,7 g ; 282 kcal

Mini-pizza aux artichauts

Étalez une bonne cuillerée à soupe de pesto de tomates séchées sur un petit disque de pâte à pizza puis garnissez-le de quartiers d'artichauts marinés (bien égouttés) et de morceaux de poivron grillés. Saupoudrez de fromage râpé et faites cuire 5 minutes au four.

Par portion lipides 26,4 g ; 1 034 kcal

Tartine jambon-fromage

Étalez du pesto de tomates séchées sur 2 tranches de pain de mie puis garnissez-les avec 1/2 tranche de jambon et 2 tranches de tomates très fines. Saupoudrez de fromage râpé et faites gratiner au four 5 minutes.

Par portion lipides 7,1 g ; 167 kcal

Tartine dinde-poivron

Coupez en deux un morceau de baguette de 10 cm de long, étalez un peu de moutarde sur chaque moitié puis garnissez-les de blanc de dinde fumé et de fines lanières de poivron vert. Saupoudrez de fromage râpé et faites gratiner 5 minutes au four.

Par portion lipides 6,8 g ; 156 kcal

Pita tapenade-poulet

Étalez 2 cuillerées à soupe de tapenade sur un pain pita (pain libanais plat) puis garnissez-le de fines tranches de blanc de poulet grillé. Saupoudrez de fromage râpé et faites gratiner au four pendant 5 minutes.

Par portion lipides 26,3 g ; 535 kcal

Fougasse au thon

Mélangez 185 g de thon en boîte (au naturel, bien égoutté), 2 cuillerées à soupe de mayonnaise, la moitié d'un petit oignon rouge émincé et quelques feuilles de persil plat ciselé. Coupez en quatre une fougasse (à l'ail, aux oignons ou au thym) et garnissez chaque morceau de salade de thon. Saupoudrez de fromage râpé et faites gratiner 5 minutes au four.

Par portion lipides 23,9 g ; 516 kcal

Tartine tomate-bacon

Faites dorer à sec 1 fine tranche de bacon dans une poêle antiadhésive puis émincez-la. Garnissez 1 tranche de pain aux céréales avec 1 tranche de cheddar, quelques tranches de tomate olivette et le bacon.

Par portion lipides 12,7 g ; 222 kcal

Tartine saumon-concombre

Égouttez bien une petite boîte de saumon (210 g avec le jus) puis émiettez le poisson (vous pouvez aussi utiliser des dés de saumon fumé). Ajoutez 30 g de concombre épépiné et coupé en petits cubes, 1 cuillerée à soupe de jus de citron et 1 cuillerée à soupe de crème liquide. Tartinez de fromage frais la base d'un bagel puis garnissez-la de salade de saumon.

Par portion lipides 18,5 g ; 364 kcal

Tartine salami, tomates et olives

Coupez en deux un petit pain rond. Beurrez la base et garnis sez-la avec 2 tranches de salami, quelques fines tranches d tomate et enfin des olives noires dénoyautées et coupées e petits morceaux. Saupoudrez de fromage grossièrement râpé

Par portion lipides 11,8 g ; 237 kcal

Tartine poulet-céleri

Mélangez 40 g de blanc de poulet grillé finement émincé e 40 g de céleri rémoulade. Coupez 1 feuille de salade en fine lanières, garnissez-en 1 tranche de pain complet puis ajoute le poulet. Vous pouvez parfumer cette sauce avec un peu d curry en poudre.

Par portion lipides 24,4 g ; 329 kcal

Tartine carotte-thon

Mélangez 185 g de thon à l'huile (égoutté), 1 petite carotte râpée, quelques feuilles de persil ciselées et 1 cuillerée à soupe de mayonnaise. Étalez ce mélange sur un morceau de baguette.

Par portion lipides 28 g ; 392 kcal

Tartine mortadelle, fromage et poivrons grillés

Beurrez légèrement la moitié de petit pain rond puis garnissez-la avec 1 tranche de fromage, 1 tranche de mortadelle et quelques lanières de poivron grillé.

Par portion lipides 13,5 g ; 320 kcal

Tartine fromage et frais-olives

Mélangez 1 cuillerée à soupe de fromage frais et 1 cuillerée à soupe d'olives noires dénoyautées et hachées menu. Étalez le mélange sur une tranche de pain aux céréales et décorez de feuilles de mâche ou de roquette.

Par portion lipides 5,3 g ; 124 kcal

Pita à la mexicaine

Écrasez en purée 1 moitié d'avocat bien mûr puis ajoutez 1 cuillerée à café de jus de citron vert. Étalez sur un petit pain pita 2 cuillerées à soupe de *frijoles refritos* (recette mexicaine de haricots frits et réduits en purée ; à défaut, écrasez des haricots rouges relevés d'épices mexicaines). Ajoutez ensuite la purée d'avocat puis des petits dés de tomate. Garnissez de crème fraîche et décorez de paprika.

Par portion lipides 13,5 g ; 320 kcal

Dip à la betterave

Mixez ensemble 850 g de betterave cuite, 1 gousse d'ail pilée, 60 g de crème fraîche allégée, 1 cuillerée à soupe de tahini (pâte de sésame) et 1 cuillerée à soupe de jus de citron.

Pour 1 c. s. lipides 1,3 g ; 86 kcal

Houmous

Mixez ensemble 1 petite boîte de pois chiches égouttés, 2 cuillerées à soupe de tahini (pâte de sésame), 80 ml de jus de citron, 2 gousses d'ail et 60 ml d'eau. Sans cesser de mixer, versez progressivement 125 ml d'huile d'olive.

Pour 1 c. s. lipides 1,3 g ; 86 kcal

Dip maïs-bacon

Faites revenir à sec 4 fines tranches de bacon dans une poêle antiadhésive. Quand elles sont bien croustillantes, égouttez-les sur du papier absorbant puis mixez-les grossièrement avec 250 g de fromage frais légèrement battu. Incorporez 300 g de crème de maïs, 60 g de crème aigre (crème fraîche + quelques gouttes de jus de citron) et 1 oignon vert émincé très finement.

Pour 1 c. s. lipides 4,7 g ; 57 kcal

Guacamole

Écrasez grossièrement à la fourchette 3 avocats bien mûrs. Ajoutez la moitié d'un oignon rouge émincé très finement, 1 tomate épépinée et coupée en dés, 1 cuillerée à soupe de jus de citron vert, 1 pincée de piment fort et quelques feuilles de coriandre ciselées.

Pour 1 c. s. lipides 4 g ; 38 kcal

Dip au piment

Fouettez 250 g de fromage frais, 120 g de crème aigre (crème fraîche + quelques gouttes de jus de citron) et 125 ml de sauce aux piments (douce ou forte selon vos préférences, en adaptant la quantité si elle est très relevée). Ajoutez quelques feuilles de coriandre ciselées et 1 oignon vert émincé très finement.

Pour 1 c. s lipides 5,6 g ; 60 kcal

Dip saumon-cornichons

Mélangez 1 petite boîte de saumon au naturel (bien égoutté et débarrassé de ses arêtes) avec 25 g de fromage frais et 1 cuillerée à soupe de jus de citron. Mixez bien avant d'ajouter quelques tiges de fenouil ciselées et quelques cornichons finement hachés.

Pour 1 c. s. lipides 3,9 g ; 51 kcal

Dip épinards-châtaignes d'eau

Faites cuire 50 g de pousses d'épinards dans un peu d'eau puis égouttez-les bien. Mettez-les dans un récipient avec 230 g de châtaignes d'eau égouttées et émincées (épiceries asiatiques), 1 poivron rouge émincé très finement, 160 g de crème aigre (crème fraîche + quelques gouttes de jus de citron), 100 g de mayonnaise et 1 gousse d'ail pilée.

Pour 1 c. s. lipides 5,4 g ; 53 kcal

Tzatziki

Épluchez puis épépinez un concombre et coupez-le en très petits dés. Mélangez-le avec 500 g de fromage blanc battu, 1 cuillerée à café de cumin en poudre et quelques feuilles de menthe ciselées.

Pour 1 c. s. lipides 1,5 g ; 26 kcal

Comptez 30 minutes de préparation pour chacune de ces recettes. Vous pouvez vous y prendre quelques heures à l'avance et garder les rouleaux de printemps au frais, emballés séparément dans du film alimentaire. Servez-les avec des sauces chinoises et dégustez-les sans façon autour d'une table basse ou devant la télévision pour une soirée cinéma. Frais et légers, ces rouleaux de printemps peuvent aussi combler les petits creux de l'après-midi…

Étalez une feuille de riz sur un torchon humide (préparez les rouleaux un par un pour que les feuilles restent souples).

Disposez la garniture près d'un des coins et rabattez-le ensuite dessus.

Glissez la pointe sous la garniture puis rabattez les côtés avant de rouler le tout.

Rouleau de printemps au saumon fumé

Pour 12 rouleaux

1 oignon vert
1/2 avocat coupé en fines lamelles
1 c. s. de jus de citron
12 feuilles de riz
100 g de saumon fumé coupé en fines lanières
30 g de germes de soja ou de germes d'alfala
quelques feuilles de coriandre fraîche

1 Coupez l'oignon vert en tronçons de 10 cm puis recoupez-le en fines tiges. Mélangez l'avocat et le jus de citron.

2 Faites tremper 1 feuille de riz dans un récipient d'eau chaude puis étalez-la sur un torchon propre humide. Disposez un douzième de la garniture (avocat, saumon, oignon, germes de soja et coriandre) dans un des coins puis formez un rouleau en suivant les illustrations ci-contre. Répétez l'opération avec le reste des ingrédients.

Par portion lipides 2,2 g ; 40 kcal

Rouleau de printemps végétarien

Pour 12 rouleaux

60 g de vermicelles de soja
1 petite carotte râpée
200 g de chou chinois coupé en fines lanières
1 c. s. de sauce de soja
1 c. s. de sucre en poudre
60 ml de jus de citron
12 feuilles de riz
12 feuilles de menthe

1 Mettez les vermicelles dans un saladier, couvrez-les d'eau bouillante, laissez gonfler 10 minutes puis égouttez-les. Remettez-les dans le saladier et coupez-les grossièrement avec des ciseaux de cuisine.

2 Ajoutez dans le saladier la carotte râpée, le chou chinois, la sauce de soja, le sucre et le jus de citron. Mélangez bien.

3 Faites tremper 1 feuille de riz dans un récipient d'eau chaude puis étalez-la sur un torchon propre humide. Disposez un douzième de la garniture dans un des coins, ajoutez une feuille de menthe puis formez un rouleau en suivant les illustrations page ci-contre. Répétez l'opération avec le reste des ingrédients.

Par portion lipides 0,2 g ; 36 kcal

Rouleau de printemps au poulet

Pour 12 rouleaux

1/2 concombre épépiné
1 petite carotte
50 g de pois gourmands
12 feuilles de riz
2 c. s. de sauce hoisin
200 g de poulet au barbecue chinois (épiceries asiatiques) ou de blanc de poulet froid détaillé en très fines tranches

1 Détaillez la carotte et le concombre en bâtonnets. Retirez les bouts des pois gourmands puis coupez-les en deux ou trois, en diagonale. Mélangez le poulet et la sauce dans un récipient.

2 Faites tremper 1 feuille de riz dans un récipient d'eau chaude puis étalez-la sur un torchon propre humide. Répartissez un douzième de la garniture (concombre, carotte, pois gourmands, poulet) dans un des coins, ajoutez une feuille de menthe puis formez un rouleau en suivant les illustrations page ci-contre. Répétez l'opération avec le reste des ingrédients.

Par portion lipides 0,8 g ; 38 kcal

Les desserts

Fondue de fruits et de marshmallows à l'orange

Pour 6 personnes

PRÉPARATION 20 MINUTES • CUISSON 10 MINUTES

150 g de sucre roux
25 g de beurre
160 ml de crème fraîche allégée
1 c. c. de zeste d'orange finement râpé
2 c. s. de liqueur d'orange ou de jus d'orange
100 g de chocolat blanc coupé en morceaux
1 grosse banane coupée en morceaux
250 g de fraises équeutées et coupées en deux ou en quatre
2 petites poires épépinées et coupées en cubes
2 mandarines détaillées en quartiers
150 g de marshmallows

1 Mélangez le sucre, le beurre, la crème, le zeste d'orange et la liqueur dans une casserole. Laissez chauffer à feu moyen pour faire dissoudre le sucre puis portez à ébullition. Laissez frémir 3 minutes. Retirez du feu et laissez refroidir 5 minutes.

2 Faites fondre le chocolat blanc avant de l'incorporez à la sauce à l'orange.

3 Disposez les fruits et les marshmallows sur un grand plateau ou dans des assiettes. Présentez des petits bâtonnets en bois ou en plastique dans des verres. Mettez le tout sur la table avec la sauce à l'orange ; chacun se servira à sa guise.

Par portion lipides 19 g ; 426 kcal

Brochettes de fruits et yaourt au miel

Pour 4 personnes

PRÉPARATION 30 MINUTES • CUISSON 10 MINUTES

1/2 ananas frais ou 1 ananas Victoria
2 ou 3 oranges
250 g de fraises
2 bananes
30 g de beurre
55 g de sucre roux
1 c. s. de jus de citron
250 g de yaourt brassé
2 c. s. de miel liquide

1 Épluchez l'ananas en taillant franchement dans la chair pour enlever tous les résidus d'écorce et ôtez le cœur. Coupez l'ananas en tranches dans la longueur puis en morceaux. Pelez à vif les oranges avant d'en prélever les quartiers. Supprimez les queues des fraises et coupez les fruits en deux s'ils sont un peu gros. Enlevez la peau des bananes et coupez-les en tranches épaisses. Enfilez les fruits sur des brochettes.

2 Faites fondre le beurre puis ajoutez le sucre. Laissez sur le feu jusqu'à ce que le sucre soit dissous puis badigeonnez les brochettes de fruits de ce mélange. Faites-les alors griller au four 5 minutes ; elles doivent être légèrement dorées. Mélangez le yaourt et le miel. Servez les brochettes bien chaudes avec le yaourt.

Astuces

- Si vous utilisez des brochettes en bambou, faites-les tremper 1 heure dans l'eau froide pour éviter qu'elles ne brûlent à la cuisson.
- Les ananas Victoria sont assez petits. Leur chair est très fruitée et délicate mais ils sont assez chers.

Par portion lipides 8,5 g ; 323 kcal

Coupez l'ananas en quartiers puis retirez le cœur.

Détaillez les quartiers d'ananas en tranches puis en morceaux.

Pelez les oranges à vif pour enlever la peau blanche, très amère.

Tarte aux poires et à la frangipane

Pour 4 personnes

PRÉPARATION 15 MINUTES • CUISSON 10 MINUTES

2 petites poires
1 c. s. de sirop d'érable
25 g de beurre fondu
1 rouleau de pâte feuilletée
Frangipane
40 g de beurre ramolli
1/2 c. c. d'extrait de vanille
2 c. s. de sucre en poudre
1 jaune d'œuf
2 c. c. de farine
60 g d'amandes en poudre

1 Préchauffez le four à 180 °C. Pelez les poires et coupez-les en deux puis retirez le cœur. Mettez-les dans un petit plat allant au four.

2 Mélangez le sirop d'érable et le beurre fondu puis badigeonnez-en les poires avant de les faire cuire 15 minutes au four. Pendant ce temps, préparez la frangipane.

3 Coupez la pâte en quatre carrés et mettez-les sur une plaque de cuisson couverte de papier sulfurisé ou légèrement beurrée. Étalez la frangipane au centre (gardez un bord de 2 cm) puis ajoutez les moitiés de poire, côté bombé vers le haut. Repliez les bords en les roulant légèrement (vous pouvez les badigeonner de jaune d'œuf). Faites cuire les tartes 25 minutes au four.

Frangipane Fouettez le beurre, l'extrait de vanille, le sucre et le jaune d'œuf. Quand le mélange est homogène, incorporez la farine et la poudre d'amandes sans cesser de fouetter.

Retirez délicatement le cœur des poires en coupant la chair en biais.

Étalez la frangipane sur les carrés de pâte en laissant un bord de 2 cm.

Rabattez les bords de la pâte vers le centre.

Pudding meringué au citron

Pour 8 personnes

PRÉPARATION 15 MINUTES • CUISSON 10 MINUTES

200 g de génoise ou de gâteau de Savoie
430 ml de crème fraîche
1 c. c. d'extrait de vanille
1 c. c. de zeste de citron râpé
80 ml de jus de citron
6 œufs
165 g de sucre en poudre
280 g de lemon curd

Meringue

3 blancs d'œufs
165 g de sucre en poudre
+ 1 c. s. pour saupoudrer la meringue

1 Préchauffez le four à 170 °C. Beurrez légèrement un grand moule rond.

2 Coupez la génoise en petits cubes. Mettez dans une casserole la crème fraîche, l'extrait de vanille, le zeste de citron et le jus de citron ; mélangez sur le feu pour obtenir une sauce homogène.

3 Fouettez les œufs et le sucre dans un récipient. Sans cesser de fouetter, incorporez progressivement le mélange à la crème (il doit être bien chaud mais sans avoir bouilli). Mettez les cubes de génoise dans le moule et versez dessus la crème vanillée. Faites cuire 45 minutes au four.

4 Sortez le pudding quand il est cuit et réglez le thermostat du four à 180 °C. Laissez le pudding refroidir pendant 10 minutes puis étalez le lemon curd dessus, en travaillant avec une spatule souple.

5 Préparez la meringue puis couvrez-en le pudding (utilisez si possible une poche à meringue pour obtenir une surface un peu travaillée). Saupoudrez-la de sucre en poudre et faites-la dorer 15 minutes au four. Servez chaud.

Meringue Battez les blancs d'œufs en neige ferme. Sans cesser de battre, incorporez le sucre en poudre cuillerée par cuillerée pour obtenir un mélange lisse.

Par portion lipides 27,4 g ; 580 kcal

Astuce

Le lemon curd est une crème de citron, un des incontournables de la pâtisserie anglaise… On le trouve en bocaux dans les épiceries fines ou en grande surface. Idéal pour préparer en deux temps trois mouvements une délicieuse tarte au citron : on fait cuire la pâte, on la garnit de lemon curd et c'est prêt… Pour raffiner, on peut ajouter de la meringue, comme dans cette recette.

Fouettez les œufs puis incorporez la crème vanillée.

Étalez le lemon curd avec une spatule souple.

Gelée de mangue et framboise

Pour 8 personnes

PRÉPARATION 20 MINUTES • RÉFRIGÉRATION 4 HEURES

425 g de mangues au sirop
150 g de framboises
85 g de cristaux de gélatine aromatisés à la mangue
85 g de cristaux de gélatine aromatisés à la framboise
2 x 250 ml d'eau chaude
250 ml d'eau froide
300 ml de crème fraîche épaisse

1 Égouttez la mangue et réservez le sirop. Détaillez la chair en fines tranches. Réservez-en un quart dans un récipient ; répartissez le reste entre huit verres hauts.

2 Mettez 250 ml l'eau chaude dans un récipient et faites dissoudre la gélatine à la mangue dedans en respectant les indications figurant sur l'emballage ; ajoutez le sirop de mangue réservé. Versez le tout dans les verres. Faites prendre 2 heures au réfrigérateur.

3 Quand la gélatine a bien pris, répartissez les framboises dans les verres. Faites dissoudre la gélatine à la framboise dans le reste d'eau chaude ; ajoutez l'eau froide. Versez le tout dans les verres. Faites prendre 2 heures au réfrigérateur.

4 Avant de servir, fouettez la crème au batteur électrique jusqu'à ce qu'elle soit bien ferme puis répartissez-la sur la gelée. Décorez avec les tranches de mangue réservées.

Par portion lipides 13,9 g ; 244 kcal

Astuces

• Certaines épiceries fines vendent des cristaux de gélatine aromatisés. Si vous n'arrivez pas à vous en procurer, achetez des feuilles de gélatine et aromatisez l'eau avec du sirop. Faites d'abord tremper les feuilles de gélatine une à une dans de l'eau froide pour qu'elles gonflent un peu avant de les incorporer à un liquide chaud mais pas bouillant. Pour les quantités, lisez attentivement le mode d'emploi.

• Pour obtenir une crème fouettée bien ferme, mettez-la au moins 10 minutes au congélateur avant de la battre. Vous pouvez la parfumer avec du sucre vanillé.

Soufflés à la mûre

Pour 4 personnes

PRÉPARATION 15 MINUTES • RÉFRIGÉRATION 15 MINUTES • CUISSON 20 MINUTES

300 g de mûres surgelées
1 c. s. d'eau
75 g de sucre en poudre
4 blancs d'œufs
1 c. s. de sucre glace

1 Préchauffez le four à 200 °C.

2 Mettez dans une casserole les mûres et l'eau. Portez à ébullition puis laissez frémir 3 minutes. Quand les fruits sont tendres, ajoutez le sucre en poudre et prolongez la cuisson à feu moyen pendant 5 minutes. Retirez du feu et filtrez aussitôt la Préparation dans un tamis fin, en pressant fermement les fruits avec le dos d'une cuillère pour en extraire toute la pulpe. Réfrigérez 15 minutes.

3 Battez les blancs d'œufs en neige ferme avant de les incorporer délicatement à la pulpe de mûre.

4 Répartissez la mousse obtenue entre quatre ramequins légèrement beurrés et faites cuire 12 minutes au four. Sortez les soufflés du four dès qu'ils sont bien levés et saupoudrez-les de sucre glace. Servez sans attendre.

Par portion lipides 0,2 g ; 126 kcal

Pressez bien les fruits dans le tamis pour en extraire toute la pulpe.

Incorporez délicatement les blancs en neige pour éviter qu'ils ne retombent.

Pudding express au chocolat

Pour 8 personnes

PRÉPARATION 15 MINUTES • CUISSON 10 MINUTES

110 g de beurre en morceaux
225 g de farine à levure incorporée
220 g de sucre en poudre
50 g de cacao
310 ml de lait
1 c. c. d'extrait de vanille
110 g de bonbons au chocolat fourrés à la cerise
110 g de sucre roux
500 ml d'eau bouillante

1 Mettez 60 g de beurre dans un grand plat allant au micro-ondes et faites-le fondre (1 minute sur « fort »). Retirez le plat du four puis ajoutez la farine, le sucre et les deux tiers du cacao en deux ou trois fois, en mouillant progressivement avec le lait ; remuez bien la pâte après chaque ajout pour éviter les grumeaux. Quand la pâte est homogène, ajoutez l'extrait de vanille puis les bonbons au chocolat.
2 Dans un autre récipient, mélangez le sucre roux et le reste du cacao puis versez progressivement l'eau bouillante en remuant bien. Ajoutez le reste du beurre et remuez. Quand le beurre a complètement fondu, versez très délicatement ce sirop sur le pudding.
3 Faites cuire le pudding 15 minutes au micro-ondes (sur « fort »). Quand il est cuit au centre (la lame d'un couteau plongée dans le pudding doit ressortir propre), retirez-le du four avec des gants de cuisine et laissez reposer 5 minutes avant de servir.

Par portion lipides 16,9 g ; 450 kcal

Astuce

Ce pudding est délicieux avec de la crème fouettée.

Mini-tartelettes aux pommes et aux épices

Pour 4 personnes

PRÉPARATION 10 MINUTES • CUISSON 20 MINUTES

2 belles pommes
50 g de beurre salé
1/2 c. c. de cannelle en poudre
1/2 c. c. de gingembre en poudre
1 sachet de sucre vanillé
120 g de raisins secs
4 feuilles de pâte filo
30 g de beurre fondu
35 g de chapelure
1 c. s. de sucre glace

1 Préchauffez le four à 200 °C. Épluchez les pommes, épépinez-les et coupez-les en gros morceaux. Faites fondre le beurre dans une poêle puis ajoutez les pommes et les épices. Laissez cuire 10 minutes en remuant bien. Quand les pommes sont bien tendres (mais sans se défaire), saupoudrez-les de sucre vanillé. Laissez cuire encore 1 minute puis retirez la poêle du feu. Ajoutez les raisins secs.

2 Badigeonnez de beurre fondu les feuilles de pâte, sur une seule face, avant de les superposer sur le plan de travail. Coupez le feuilletage obtenu en quatre carrés et disposez ces derniers dans des moules individuels légèrement beurrés. Garnissez-les de pommes cuites, saupoudrez de chapelure et faites cuire 10 minutes au four. Quand la pâte est dorée et croustillante, retirez les tartelettes du four puis démoulez-les délicatement avant de les présenter sur les assiettes à dessert. Saupoudrez-les de sucre glace et servez aussitôt.

Par portion lipides 22,8 g ; 544 kcal

Badigeonnez les feuilles de pâte de beurre fondu (sur une seule face).

Mettez en place les carrés de pâte dans les moules avant de les garnir.

Crème à la rhubarbe

Pour 4 personnes

PRÉPARATION 20 MINUTES • CUISSON 10 MINUTES • RÉFRIGÉRATION 2 HEURES

250 g de rhubarbe fraîche pelée et coupée en morceaux
55 g de sucre en poudre
1/2 c. c. de cannelle en poudre
125 ml d'eau
180 ml de crème fraîche épaisse
1 c. s. de sucre glace
250 ml de crème anglaise toute prête

1 Mettez la rhubarbe, le sucre, la cannelle et l'eau dans une casserole. Portez à ébullition puis laissez frémir 10 minutes. Quand la rhubarbe est cuite, transférez le mélange dans un grand bol et mettez 1 heure au réfrigérateur.

2 Fouettez la crème fraîche et le sucre glace au batteur électrique, jusqu'à ce que de petits pics se forment. Incorporez la crème anglaise à la compote de rhubarbe puis ajoutez la crème fouettée en remuant délicatement.

3 Répartissez la Préparation dans quatre coupes de service et mettez 1 heure au réfrigérateur.

Astuce

Pour obtenir une crème fouettée bien ferme, mettez-la au moins 10 minutes au congélateur avant de la battre.

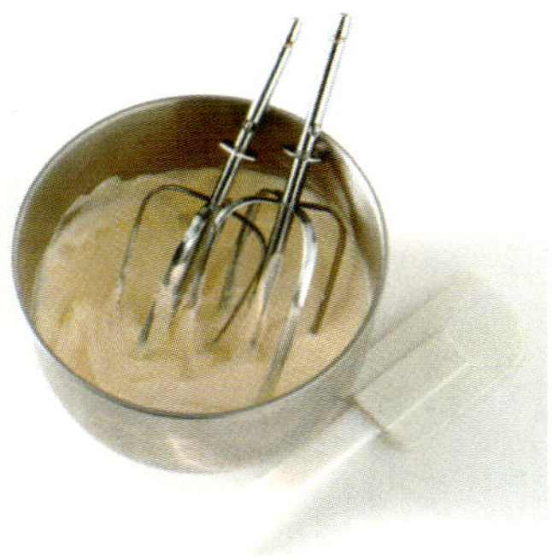

Fouettez la crème fraîche et le sucre glace au batteur électrique.

Mélangez la crème anglaise, la rhubarbe et la crème fouettée.

Dessert royal aux fraises

Pour 6 personnes

PRÉPARATION 10 MINUTES

250 g de petits roulés à la confiture de fraise
400 g de crème à la vanille (rayon frais)
250 g de fraises coupées en quatre
300 ml de crème fraîche épaisse
2 c. s. de sucre glace
du colorant alimentaire rose

1 Coupez les roulés en petites tranches puis répartissez-les dans six grands verres. Garnissez de crème à la vanille et de fraises. Réfrigérez jusqu'au moment de servir.

2 Avant de servir, fouettez au batteur électrique la crème fraîche, le sucre glace et le colorant, jusqu'à ce que de petits pics se forment à la surface. Répartissez la Préparation dans les verres et servez aussitôt.

Par portion lipides 26,1 g ; 436 kcal

Astuce

Pour obtenir une crème fouettée bien ferme, mettez-la au moins 10 minutes au congélateur avant de la battre.

Coupez les roulés en tranches et répartissez-les dans des verres.

Disposez la crème fouettée en petits dômes sur les fraises.

Pudding de fruits rouges à la crème fouettée

Pour 6 personnes

PRÉPARATION 25 MINUTES • RÉFRIGÉRATION 2 H 30 MINUTES

200 g de gâteau de Savoie coupé en dés
85 g de cristaux de gélatine aromatisés à la fraise
250 ml d'eau chaude
125 ml d'eau froide
500 g de fruits rouges surgelés
400 g de crème à la vanille (rayon frais)
125 ml de crème fraîche épaisse
2 c. c. de sucre glace

1 Disposez les dés de gâteau de Savoie dans un moule rond pour en tapisser le fond.

2 Faites dissoudre la gélatine dans l'eau chaude puis versez l'eau froide et mélangez. Ajoutez un tiers des fruits rouges (réservez le reste au réfrigérateur). Répartissez délicatement ce mélange sur le gâteau de Savoie et mettez 2 heures au réfrigérateur.

3 Quand la gélatine est prise, tapissez-la de crème à la vanille puis remettez le dessert au réfrigérateur pendant 30 minutes. Avant de servir, fouettez la crème fraîche avec le sucre glace au batteur électrique pour obtenir une consistance ferme puis étalez-la avec une spatule souple sur la crème à la vanille. Décorez avec les fruits réservés.

Par portion lipides 15,9 g ; 386 kcal

Astuce

Certaines épiceries fines vendent des cristaux de gélatine aromatisés. Si vous n'arrivez pas à vous en procurer, achetez des feuilles de gélatine et aromatisez l'eau avec du sirop. Faites d'abord tremper les feuilles de gélatine une à une dans de l'eau froide pour qu'elles gonflent un peu avant de les incorporer à un liquide chaud mais pas bouillant. Pour les quantités, lisez attentivement le mode d'emploi.

Disposez les morceaux de gâteau de Savoie au fond du moule.

Versez délicatement le mélange aux fruits dans le moule.

Étalez la crème fouettée avec une spatule souple.

Fruits au chocolat

Pour 4 personnes

PRÉPARATION 15 MINUTES • CUISSON 3 MINUTES • RÉFRIGÉRATION 30 MINUTES

375 g de chocolat au lait
15 cl de crème fraîche épaisse
un assortiment de fruits (quartiers de pommes, de poires ou d'orange, fraises, bananes en tranches, abricots secs…)

1 Garnissez de papier sulfurisé un plateau ou une plaque de cuisson.
2 Détaillez le chocolat en morceaux et faites-le fondre avec la crème au micro-ondes (1 minute sur « moyen-fort »). Mélangez bien puis remettez-le 1 minute au micro-ondes. Répétez l'opération une nouvelle fois pour qu'il finisse de fondre.
3 Trempez les morceaux de fruits un à un dans le chocolat fondu, sans les y plonger complètement, puis étalez-les sur le plateau préparé et mettez-les 30 minutes au réfrigérateur pour que le chocolat ait le temps de raffermir.

Par portion lipides 26 g ; 739 kcal

Astuce

Cette recette peut être adaptée en version « fondue au chocolat ». Quand le chocolat est fondu, maintenez-le au chaud dans un bain-marie (un grand plat rempli d'eau bouillante) et mettez-le au centre de la table : chacun se servira à sa guise. Avec les fruits, vous pouvez aussi servir différents biscuits (langues de chat, sablés, cigarettes russes…).

N'oubliez pas les gants de cuisine pour sortir le chocolat du micro-ondes.

Trempez les fruits un à un dans le chocolat fondu sans les y plonger complètement.

Desserts glacés

Glace vanille et Malteser

PRÉPARATION 5 MINUTES (+ CONGÉLATION)

Concassez grossièrement 200 g de Malteser (bonbons au chocolat fourrés de biscuit craquant) et mélangez-les avec 1 litre de glace vanille ramollie et 30 g de lait malté en poudre (magasins diététiques). Remettez la glace au réfrigérateur jusqu'au moment de servir.

Par portion lipides 23,5 g ; 452 kcal

Crème glacée banane, pomme et noix de macadamia

PRÉPARATION 5 MINUTES (+ CONGÉLATION)

Mixez 1 litre de glace à la vanille avec 150 g de noix de macadamia légèrement grillées et concassées grossièrement, 2 bananes et 60 ml de sirop d'érable. Remettez la glace au réfrigérateur jusqu'au moment de servir.

Par portion lipides 42,2 g ; 618 kcal

Crème glacée et sauce aux fruits exotiques

PRÉPARATION 5 MINUTES

Mélangez la pulpe de 8 fruits de la passion avec 8 mandarines détaillées en quartiers et 2 petites bananes coupées en tranches. Servez ce coulis sur des boules de glace à la vanille.

Par portion lipides 13,4 g ; 333 kcal

Crème glacée et praliné à la pistache

PRÉPARATION 5 MINUTES • CUISSON 10 MINUTES

Préchauffez le four à 220 °C. Saupoudrez 55 g de sucre sur une feuille de papier sulfurisé puis passez-le au four 8 minutes pour obtenir un caramel liquide. Sortez délicatement la feuille du four et mettez-la sur une grande planche à découper. Saupoudrez sur le caramel liquide des pistaches finement concassées puis laissez raffermir. Quand le caramel est devenu dur et cassant, mixez-le grossièrement. Mettez 3 boules de glace dans 4 coupes et saupoudrez de praliné.

Par portion lipides 14,9 g ; 301 kcal

Glace vanille, chocolat fourré et marshmallows

PRÉPARATION 5 MINUTES

Mettez dans chaque assiette 2 boules de glace vanille, 50 g de chocolat fourré (cerises, fruits rouges ou autres) et 50 g de petits marshmallows. Saupoudrez de noisettes grillées concassées et nappez de chocolat au lait fondu ou de coulis au chocolat. Un dessert tout rose pour étudiantes en pleine régression…

Par portion lipides 28,3 g ; 486 kcal

Sauce aux fruits rouges et glace vanille

PRÉPARATION 5 MINUTES • CUISSON 4 MINUTES

Mélangez 125 ml de crème fraîche et 55 g de sucre roux dans une casserole, faites chauffer à feu doux jusqu'au point d'ébullition puis ajoutez 150 g de fruits rouges surgelés. Laissez cuire encore 2 minutes avant de verser cette sauce dans des verres où vous aurez déjà disposé 2 boules de glace vanille. Dégustez sans attendre…

Par portion lipides 28,3 g ; 486 kcal

Milk-shakes et cocktails

Milk-shake au chocolat malté

PRÉPARATION 5 MINUTES

Mixez 250 ml de glace au chocolat, 650 ml de lait écrémé, 80 ml de sauce au chocolat toute prête (rayon frais ou surgelés) et 40 g de lait en poudre malté.

Par verre (250 ml) lipides 10,3 g ; 252 kcal

Milk-shake à la fraise

PRÉPARATION 5 MINUTES

Mixez 250 ml de glace à la fraise, 250 g de fraises en morceaux, 500 ml de lait écrémé et 125 ml de coulis de fraise (rayon surgelés).

Par verre (250 ml) lipides 8,8 g ; 187 kcal

▼ *Milk-shake au chocolat malté*

▼ *Milk-shake à la fraise*

▼ *Jus orange-ananas et glace au melon*

▼ *Jus pomme-mandarine et glace aux fruits de la passion*

Jus orange-ananas et glace au melon

PRÉPARATION 5 MINUTES (+ CONGÉLATION)

Mixez 280 g de melon et passez la purée dans un tamis fin. Répartissez le jus dans 8 bacs à glaçons et mettez au congélateur. Au moment de servir, mixez 650 g d'ananas frais avec le jus de 4 oranges. Mettez 2 cubes de jus de melon glacé dans chaque verre et versez le mélange orange-ananas.

Par verre (250 ml) lipides 0,4 g ; 125 kcal

Jus pomme-mandarine et glace aux fruits de la passion

PRÉPARATION 5 MINUTES (+ CONGÉLATION)

Délayez la pulpe de 3 fruits de la passion dans 80 ml d'eau froide puis répartissez ce mélange dans des bacs à glaçons et mettez au congélateur. Au moment de servir, mixez 6 pommes épluchées et coupées en petits morceaux et 6 mandarines sans la peau. Filtrez le jus dans un tamis fin et versez-le dans des verres garnis de glaçons aux fruits de la passion.

Par verre (250 ml) lipides 0,6 g ; 157 kcal

Jus de cerises frappé

PRÉPARATION 5 MINUTES

Mixez 250 ml de sorbet à la cerise, 500 ml de jus de canneberge (épiceries fines) et 150 g de cerises surgelées.

Par verre (250 ml) lipides 0,4 g ; 113 kcal

Jus tropical frappé

PRÉPARATION 5 MINUTES

Mixez 250 ml de sorbet aux fruits de la passion, 250 ml de jus d'orange, 450 g d'ananas en boîte avec le jus et 1 petite banane en morceaux.

Par verre (250 ml) lipides 2,1 g ; 157 kcal

▼ *Jus de cerise frappé*

▼ *Jus tropical frappé*

▼ *Sitop de framboise*

▼ *Punch sans alcool*

Sirop de framboise

PRÉPARATION 15 MINUTES
RÉFRIGÉRATION 30 MINUTES • CUISSON 10 MINUTES

Mixez 300 g de framboises surgelées et 125 ml de jus de canneberge (épiceries fines). Mélangez dans une casserole 500 ml d'eau et 220 g de sucre en poudre et portez à ébullition en remuant sans cesse. Laissez ensuite frémir 5 minutes à feu moyen avant d'ajouter les framboises mixées. Portez à nouveau à ébullition pendant 2 minutes. Filtrez le mélange et mettez-le 30 minutes au réfrigérateur. Servez-le avec de l'eau plate ou pétillante ou encore de la limonade (1 volume de sirop de framboise pour 3 volumes d'eau).

Par verre (250 ml) lipides 0,1 g ; 82 kcal

Punch sans alcool

PRÉPARATION 15 MINUTES
RÉFRIGÉRATION 2 HEURES

Égouttez 425 g de mangue en boîte, coupez les fruits en petits dés et mettez-les dans un grand saladier avec leur jus réservé et 750 ml de jus de fruits exotiques. Ajoutez 300 g d'ananas et 250 g de fraises (coupez les fruits en petits morceaux), quelques feuilles de menthe finement ciselées, 1 cuillerée à soupe de sucre roux et 750 ml de ginger ale (soda aromatisé au gingembre et au citron). Mettez 2 heures au réfrigérateur.

Par verre (250 ml) lipides 0,3 g ; 75 kcal

Glaces et sorbets

Ces glaces et sorbets doivent rester au moins 6 heures au congélateur. Pour les démouler, plongez-les quelques secondes dans l'eau bouillante. Variez les formes et couleurs des moules.

Limonade

PRÉPARATION 5 MINUTES

Mélangez 60 ml de jus de citron et 110 g de sucre glace, remuez puis ajoutez 250 ml d'eau pétillante. Versez ce sirop dans 6 moules à glace et congelez au moins 6 heures.

Par bâtonnet lipides 0 g ; 73 kcal

Fruits de la passion et noix de coco

PRÉPARATION 5 MINUTES

Mélangez 250 ml de glace vanille ramollie avec 1/2 cuillerée à café d'essence de noix de coco et 170 g de fruits de la passion au sirop. Répartissez le mélange dans 6 moules à glace et congelez au moins 6 heures.

Par bâtonnet lipides 2,3 g ; 48 kcal

▲ *Limonade*

▲ *Fruit de la passion et noix de coco*

▼ *Framboise*

▼ *Ananas et menthe fraîche*

▼ *Vanille, menthe et chocolat*

Framboise

PRÉPARATION 10 MINUTES • CUISSON 5 MINUTES

Faites chauffer 150 g de framboises surgelées, 155 g de sucre glace et 1 cuillerée à soupe d'eau. Laissez frémir 5 minutes puis filtrez la purée dans un tamis fin. Mélangez le jus récupéré avec 250 ml d'eau pétillante. Versez ce sirop dans 6 moules à glace et congelez au moins 6 heures.

Par bâtonnet lipides 0,1 g ; 45 kcal

Ananas et menthe fraîche

PRÉPARATION 5 MINUTES

Mélangez 375 ml de jus d'ananas, 2 cuillerées à soupe de sucre glace et quelques feuilles de menthe ciselées. Versez le tout dans 6 moules à glace et congelez au moins 6 heures.

Par bâtonnet lipides 0,1 g ; 53 kcal

Vanille, menthe et chocolat

PRÉPARATION 5 MINUTES

Mélangez 250 ml de glace vanille ramollie avec 1/2 cuillerée à café d'essence de menthe, 1 cuillerée à soupe de sirop de menthe verte et 75 g de chocolat noir râpé. Répartissez le mélange dans 6 moules à glace et congelez au moins 6 heures.

Par bâtonnet lipides 7,9 g ; 140 kcal

Fruits rouges et yaourt

PRÉPARATION 5 MINUTES

Mélangez 420 g de yaourt à la vanille, 150 g de fruits rouges surgelés et 1 cuillerée à soupe de miel liquide. Répartissez le mélange dans 6 moules à glace et congelez au moins 6 heures.

Par bâtonnet lipides 2,5 g ; 90 kcal

Orange et mangue

PRÉPARATION 5 MINUTES

Égouttez 425 g de mangue au sirop, gardez 60 ml de jus et mixez les fruits et le sirop réservé avec 125 ml de jus d'orange. Répartissez le mélange dans 6 moules à glace et congelez au moins 6 heures.

Par bâtonnet lipides 0,1 g ; 38 kcal

Vanille et caramel

PRÉPARATION 5 MINUTES

Mélangez 125 g de glace vanille ramollie et 60 ml de caramel liquide en ne remuant pas trop longtemps pour obtenir un effet marbré. Répartissez le mélange dans 6 moules à glace et congelez au moins 6 heures.

Par bâtonnet lipides 0,1 g ; 38 kcal

▼ *Fruits rouges et yaourt*

▼ *Orange et mangue*

▼ *Vanille et caramel*

Douceurs au chocolat

Bouchées aux abricots

PRÉPARATION 20 MINUTES • CUISSON 5 MINUTES • RÉFRIGÉRATION 30 MINUTES

75 g d'abricots séchés
45 g de noix de coco râpée
2 c. s. de lait concentré sucré
300 g de pastilles de chocolat au lait
1 c. c. d'huile végétale

1 Garnissez de papier sulfurisé une tôle à pâtisserie. Coupez les abricots en petits morceaux puis mélangez-les avec la noix de coco et le lait concentré. Réservez 15 minutes au réfrigérateur.

2 Quand le mélange aux abricots est ferme, formez 24 petites bouchées rondes puis mettez-les sur la tôle à pâtisserie en les espaçant bien. Mettez-les 15 minutes au réfrigérateur.

3 Mettez les pastilles de chocolat et l'huile dans une casserole et faites fondre à feu doux ou au bain-marie (voir glossaire), en remuant sans cesse. Quand tout le chocolat est fondu, plongez-y les bouchées une à une (piquez-les sur une fourchette pour ne pas vous brûler les doigts dans le chocolat chaud), attendez un peu que la couverte de chocolat durcisse puis remettez-les sur la tôle à pâtisserie. Au besoin, réchauffez rapidement le chocolat fondu s'il n'est plus assez liquide.

Par bouchée lipides 3,9 g ; 69 kcal

Carrés de chocolat à la menthe

PRÉPARATION 20 MINUTES • RÉFRIGÉRATION 2 HEURES AU MOINS • CUISSON 15 MINUTES

350 g de pastilles de chocolat au lait
2 c. c. d'huile végétale
60 ml de crème fraîche
70 g de chocolat à la menthe coupé en petits morceaux

1 Graissez un moule rectangulaire peu profond puis garnissez-le de papier sulfurisé en le faisant dépasser sur les côtés.

2 Mélangez 100 g de pastilles de chocolat et la moitié de l'huile dans une casserole et faites fondre à feu doux ou au bain-marie (voir glossaire), en remuant sans cesse. Étalez uniformément le chocolat fondu dans le moule en vous aidant d'une spatule souple.

3 Faites chauffer la crème dans une casserole puis ajoutez 150 g de pastilles de chocolat et gardez sur le feu en remuant pour les faire fondre complètement. Laissez refroidir 5 minutes puis ajoutez le chocolat à la menthe. Étalez ensuite ce mélange dans le moule, sur la base de chocolat. Réfrigérez 20 minutes.

4 Mélangez le reste de pastilles de chocolat et le reste d'huile dans une casserole et faites fondre à feu doux ou au bain-marie en remuant sans cesse. Étalez ensuite le mélange dans le moule et laissez prendre au moins 1 heure au réfrigérateur. Pour découper le chocolat en carrés, utilisez un bon couteau dont vous aurez trempé la lame dans l'eau bouillante.

Par bouchée lipides 4,6 g ; 79 kcal

Roses des sables

PRÉPARATION 20 MINUTES • CUISSON 10 MINUTES • RÉFRIGÉRATION 1 HEURE

35 g de pistaches (non salées)
35 g d'amandes (non salées)
150 g de pastilles de chocolat au lait
80 g de raisins secs

1 Garnissez de papier sulfurisé une tôle à pâtisserie. Concassez grossièrement les amandes et les pistaches puis faites-les griller à sec dans une poêle (surveillez bien la cuisson car elles peuvent brûler rapidement). Réservez dans un autre récipient.
2 Faites fondre le chocolat dans une casserole, à feu doux ou au bain-marie (voir glossaire), en remuant sans cesse. Ajoutez les amandes et les pistaches ainsi que les raisins secs.
3 Déposez de petits tas irréguliers de ce mélange sur la tôle à pâtisserie et laissez raffermir au moins 1 heure au réfrigérateur.

Par bouchée lipides 3,2 g ; 59 kcal

Bouchées de chocolat blanc aux fraises

PRÉPARATION 30 MINUTES • CUISSON 5 MINUTES • RÉFRIGÉRATION 1 HEURE

24 caissettes en papier
de l'huile végétale
150 g de pastilles de chocolat blanc
140 g de fromage blanc à la vanille
4 fraises coupées en petits morceaux

1 Graissez légèrement les caissettes avec l'huile végétale. Faites fondre les pastilles de chocolat dans une casserole, à feu doux ou au bain-marie (voir glossaire), en remuant sans cesse. Avec un pinceau à pâtisserie, badigeonnez délicatement les caissettes de chocolat blanc. Laissez prendre 5 minutes au réfrigérateur. Répétez l'opération au moins deux fois puis retirez les caissettes en papier.
2 Mélangez le fromage blanc et les fraises en morceaux puis garnissez-en les caissettes en chocolat blanc. Réfrigérez 1 heure avant de servir.

Par bouchée lipides 2,5 g ; 42 kcal

Cakes et gâteaux

Muffins à l'abricot et à la noix de coco

Pour 12 pièces

PRÉPARATION 30 MINUTES • CUISSON 25 MINUTES

425 g d'abricots au sirop
335 de farine à levure incorporée
165 g de sucre roux
1 œuf
160 ml de babeurre
125 ml d'huile végétale
110 g de confiture d'abricot

Garniture à la noix de coco

35 g de farine
1 c. s. de sucre en poudre
25 g de noix de coco râpée
30 g de beurre

1 Préchauffez le four à 180 °C. Graissez légèrement 12 moules à muffins. Égouttez les abricots puis coupez-les en petits morceaux (réservez le jus pour une autre recette).
2 Préparez la garniture.
3 Mélangez la farine et le sucre. Incorporez ensuite les abricots, puis l'œuf, le babeurre, l'huile et la confiture. Ne cherchez pas à obtenir une pâte homogène : il suffit que les ingrédients soient amalgamés.
4 Répartissez cette pâte dans les moules à muffins, couvrez avec la garniture et faites cuire 25 minutes au four. Laissez reposer 5 minutes avant de démouler les muffins sur une grille.

Garniture à la noix de coco Mettez la farine, le sucre et la noix de coco dans un petit bol puis ajoutez le beurre et travaillez le mélange du bout des doigts pour que la pâte reste un peu grumeleuse.

Par portion lipides 14,1 g ; 322 kcal

Cookies au chocolat

Pour 36 pièces

PRÉPARATION 20 MINUTES • CUISSON 10 MINUTES

125 g de beurre en morceaux
1 c. c. d'extrait de vanille
275 g de sucre roux
1 œuf
150 g de farine
35 g de farine à levure incorporée
1/2 c. c. de bicarbonate de soude
35 g de cacao
170 g de M&M's
75 g de pépites de chocolat au lait

1 Préchauffez le four à 180 °C. Graissez légèrement une tôle à pâtisserie.
2 Fouettez rapidement le beurre, l'extrait de vanille, le sucre et l'œuf au batteur électrique avant d'incorporer les deux farines, le bicarbonate et le cacao (vous pouvez les mélanger d'abord). Ajoutez enfin les M&M's et les pépites de chocolat.
3 Disposez des petits tas de pâte à intervalles réguliers sur la tôle à pâtisserie et faites cuire 15 minutes au four. Laissez reposer 5 minutes avant de décoller les cookies de la plaque. Faites-les refroidir sur une surface plane.

Par portion lipides 4,9 g ; 110 kcal

Fouettez rapidement tous les ingrédients de la pâte.

Disposez des petits tas de pâte sur une tôle graissée.

Gâteau marbré aux framboises

Pour 12 personnes

PRÉPARATION 30 MINUTES • CUISSON 1 HEURE

250 g de beurre ramolli
1 c. c. d'extrait de vanille
275 g de sucre en poudre
3 œufs
335 g de farine à levure incorporée
180 ml de babeurre
150 g de framboises fraîches
un peu de colorant alimentaire rose
2 c. s. de cacao
1 c. s. de lait
260 g de bonbons à la framboise (facultatif)

Glaçage au chocolat

150 g de beurre ramolli
1 c. s. de lait
240 g de sucre glace
25 g de cacao

1 Préchauffez le four à 180 °C. Beurrez légèrement un moule rond puis tapissez le fond et les côtés de papier sulfurisé en le laissant dépasser un peu.
2 Fouettez le beurre, l'extrait de vanille et le sucre. Quand le mélange devient mousseux, ajoutez les œufs un à un puis incorporez en deux fois la farine et le babeurre, en travaillant la pâte avec une cuillère en bois pour que le mélange reste homogène.
3 Écrasez les framboises dans un tamis fin en récupérant le jus dans un bol (jetez les pépins).
4 Mélangez un tiers de la pâte avec le colorant alimentaire, un autre tiers avec le cacao délayé dans le lait. Avec une cuillère à soupe, prélevez des portions de pâte (nature, rose ou au chocolat) et répartissez-les dans le moule. Versez dessus le coulis de framboise puis utilisez une fine baguette pour remuer un peu le tout afin d'obtenir un effet marbré. Faites cuire 1 heure au four puis laissez reposer le gâteau 5 minutes avant de le démouler sur une grille. Préparez le glaçage.
5 Avant de servir, disposez le gâteau sur une grande assiette et nappez-le de glaçage puis décorez-le de bonbons à la framboise.

Glaçage au chocolat Fouettez le beurre au batteur électrique puis ajoutez le reste des ingrédients en plusieurs fois, sans cesser de battre.

Par portion lipides 29,9 g ; 603 kcal

Teintez un tiers de la pâte avec le colorant rose, un autre tiers avec le cacao.

Répartissez le coulis de framboise dans le moule.

Utilisez une baguette pour obtenir un effet marbré dans la pâte.

Mini-cakes aux carottes

Pour 6 portions

PRÉPARATION 30 MINUTES • CUISSON 35 MINUTES

125 ml d'huile végétale
3 œufs légèrement battus
225 g de farine à levure incorporée
165 g de sucre en poudre
1/2 c. c. de cannelle en poudre
440 g de carottes râpées
160 g d'ananas au sirop égoutté

Glaçage

50 g de beurre ramolli
120 g de fromage frais
400 g de sucre glace

Décor

6 abricots séchés
6 bâtonnets d'angélique confite

1 Préchauffez le four à 180 °C. Beurrez légèrement 6 petits moules à muffins.
2 Mélangez l'huile, les œufs, la farine, le sucre et la cannelle avec une cuillère en bois puis ajoutez les carottes râpées et l'ananas grossièrement mixé. Répartissez la pâte dans les moules et faites cuire 35 minutes au four. Laissez reposer 5 minutes avant de démouler les muffins sur une grille.
3 Préparez le glaçage puis le décor. Avant de servir, étalez le glaçage sur les muffins froids (utilisez une petite spatule souple) puis coiffez chaque muffin d'une fausse carotte en fruits séchés.

Glaçage Fouettez le beurre et le fromage frais. Quand le mélange commence à mousser, incorporez progressivement le sucre glace sans cesser de fouetter.

Décor Mettez les abricots à tremper 10 minutes dans un bol d'eau bouillante puis égouttez-les bien et essuyez-les avec du papier absorbant. Roulez chaque abricot autour d'un bâtonnet d'angélique en laissant ce dernier dépasser d'un côté. Entaillez légèrement cette extrémité pour imiter des fanes de carotte.

Par portion lipides 35,7 g ; 863 kcal

Roulez chaque abricot autour d'un bâtonnet d'angélique.

Entaillez légèrement l'angélique pour imiter des fanes de carotte.

Sablés au müesli

Pour 20 sablés

PRÉPARATION 25 MINUTES • CUISSON 30 MINUTES

100 g de beurre
110 g de sucre en poudre
1 jaune d'œuf
100 g de farine
35 g de farine à levure incorporée
1 c. s. de préparation en poudre pour crème anglaise
160 g de confiture d'abricot

Müesli

90 g de miel liquide
50 g de beurre
135 g de flocons d'avoine
40 g de cornflakes
35 g de noix de coco râpée
75 g d'abricots secs coupés en petits morceaux

1 Préchauffez le four à 180 °C. Beurrez légèrement un moule rectangulaire et tapissez-le de papier sulfurisé.

2 Fouettez le beurre, le sucre et le jaune d'œuf puis incorporez les farines et la Préparation pour crème anglaise. Étalez la pâte dans le moule et faites-la cuire 15 minutes au four. Elle doit être dorée. Préparez le müesli.

3 Faites tiédir la confiture d'abricot puis étalez-la sur la pâte sablée. Couvrez de müesli en pressant dessus du bout des doigts pour qu'il adhère à la pâte et remettez le sablé au four. Laissez cuire à nouveau 15 minutes. Sortez-le du four et attendez qu'il soit complètement refroidi pour le découper en rectangles.

Müesli Faites chauffer le beurre et le miel dans une casserole. Quand le beurre a complètement fondu, ajoutez le reste des ingrédients. Mélangez.

Beurrez le moule et tapissez-le de papier sulfurisé.

Étalez la pâte à la main dans le moule.

Ajoutez le müesli en pressant bien pour qu'il adhère à la pâte.

Rochers gourmands

Pour 50 rochers environ

PRÉPARATION 15 MINUTES • RÉFRIGÉRATION 30 MINUTES • CUISSON 5 MINUTES

4 barres chocolatées Snickers (caramel, chocolat, cacahuètes) coupées en morceaux
35 g de grains de riz soufflés
150 g de marshmallows légèrement grillés au four puis coupés en morceaux
150 g de cacahuètes grillées (non salées) grossièrement concassées
400 g de chocolat au lait
2 c. c. d'huile végétale

1 Graissez un moule rectangulaire et tapissez-le de papier sulfurisé en le laissant dépasser sur les côtés.

2 Mélangez les Snickers, le riz soufflé, les marshmallows et les cacahuètes dans un récipient. Coupez le chocolat en morceaux et mettez-le dans une casserole avec l'huile. Faites-le fondre à feu doux en remuant sans cesse. Laissez tiédir 5 minutes.

3 Versez le chocolat fondu dans le récipient, mélangez puis répartissez la Préparation dans le moule. Mettez 30 minutes au réfrigérateur. Démoulez, coupez les bords puis détaillez la Préparation en cubes. Conservez au réfrigérateur, dans un récipient fermé.

Par rocher lipides 4,7 g ; 86 kcal

Bonshommes en pain d'épices

Pour 20 bonhommes

PRÉPARATION 30 MINUTES • CUISSON 10 MINUTES

125 g de beurre
75 g de sucre roux
175 g de mélasse ou de sirop d'érable
450 g de farine
2 c. c. de gingembre moulu
2 c. c. de cannelle en poudre
1/2 c. c. de clous de girofle
2 c. s. de bicarbonate de soude
1 œuf légèrement battu
1 c. c. d'extrait de vanille

Glaçage

1 blanc d'œuf
160 g de sucre glace
des colorants alimentaires

1 Préchauffez le four à 180 °C. Beurrez légèrement une tôle à pâtisserie.

2 Mettez le beurre, le sucre et la mélasse dans un récipient allant au micro-ondes et faites chauffer le tout 1 minute (sur « fort »). Retirez du four et laissez refroidir 5 minutes.

3 Mélangez dans un récipient la farine, les épices et le bicarbonate. Versez dessus le mélange beurre-sucre puis les œufs et l'extrait de vanille ; remuez avec une cuillère en bois.

4 Abaissez la pâte sur un plan de travail fariné et découpez dedans des bonshommes avec un emporte-pièce (vous pouvez aussi imaginer d'autres motifs). Mettez les bonshommes sur la tôle à pâtisserie et faites-les cuire 10 minutes au four. Ils doivent foncer légèrement. Laissez-les refroidir puis décorez-les à votre guise avec le glaçage et quelques confiseries.

Glaçage Battez le blanc d'œuf en neige ferme, en incorporant progressivement le sucre pour obtenir une neige lisse et brillante. Ajoutez des colorants alimentaires.

Par bonhomme lipides 5,7 g ; 197 kcal

Astuce

Si la pâte garde la consistance d'une chapelure grossière, ajoutez un peu de jaune d'œuf jusqu'à ce que le mélange devienne lisse.

Découpez des bonhommes dans la pâte avec un emporte-pièce.

Décorez les bonshommes avec du glaçage coloré.

Utilisez un sac alimentaire percé dans un coin pour réaliser certains motifs.

Petits rouleaux aux fruits secs

Pour 12 rouleaux

PRÉPARATION 10 MINUTES • CUISSON 45 MINUTES

500 g de sucre en poudre
2 clous de girofle
1 rondelle de citron
1/2 c. c. de cardamome moulue
500 ml d'eau
240 g d'amandes hachées
190 g de noix hachées
2 c. c. de cannelle
125 g de sucre roux
1 rouleau de pâte feuilletée
un peu de beurre fondu

1 Mélangez le sucre, les clous de girofle, le citron, la cardamome et l'eau dans une casserole. Portez à ébullition en remuant puis laissez mijoter 12 minutes. Retirez la rondelle de citron et les clous de girofle. Mettez le sirop à raffermir au réfrigérateur.

2 Mélangez les amandes, les noix, la cannelle et le sucre dans un récipient. Versez le sirop et mélangez bien. Étalez ce mélange sur la pâte puis formez un rouleau. Badigeonnez ce dernier de beurre fondu puis coupez-le en douze tronçons que vous mettrez dans un plat légèrement beurré, couchés sur une des faces coupées et en les serrant bien. Faites cuire 30 minutes au four puis laissez refroidir dans le moule.

Par portion lipides 32 g ; 540 kcal

Travaillez le beurre et la farine pour obtenir une pâte grumeleuse.

Coupez le roulé en tronçons larges et mettez ces derniers dans un plat.

Glossaire

Amandes
Fruit de l'amandier.
La graine blanche et tendre est recouverte d'une pellicule brune et enfermée dans une coque brune grêlée
Mondée : L'amande est débarrassée de sa coque et de sa pellicule brune.
En poudre Poudre ayant la texture d'une farine grossiere. Une fois séchées et grillées, les amandes sont broyées finement. Les amandes en poudre sont utilisées comme une farine et font aussi office d'agent épaississant dans les pâtisseries.
Effilée : Coupée en fines lamelles dans la longueur. On peut les faire griller à sec (sans matière grasse dans une poêle antiadhésive) ou au four.

Aneth
Plante ombellifère aux feuilles vert foncé qui ressemblent à des plumes. Ces feuilles ont un léger goût d'anis et ne doivent pas être cuites. On les ajoutera donc en fin de cuisson pour préserver leur saveur.

Anis étoilé
Voir Badiane.

Artichauts
Plante potagère de la famille du chardon. Il se prête à de nombreuses préparations. Lorsqu'il est jeune, on le consomme cru, à la croque-au-sel en poivrade ou à la vinaigrette.

Aubergine
Fruit d'une plante originaire de l'Inde et cultivée dans le bassin méditerranéen depuis le XVIIe siècle. L'aubergine se cuit à l'étuvée ou se cuisine en gratin ou sautée. On la fera le plus souvent dégorger 30 minutes au sel pour qu'elle rende son eau de végétation.

Bacon
Poitrine de porc maigre fumée.

Babeurre
Le babeurre ou lait battu est le lait dont on a enlevé le beurre par barattage. On le trouve au rayon frais des grandes surfaces.

Badiane (anis étoilé)
Fruit en forme d'étoile d'un arbre de la famille des magnoliacées originaire de Chine. Son goût prononcé d'anis relève de nombreuses recettes asiatiques. On le trouve entier ou moulu. Peut également être utilisé en infusion.

Bagel
Petit pain rond et plat à garnir.

Bambou (pousses de)
Partie la plus tendre des jeunes plants de certaines variétés de bambou.

Basilic
Plante aromatique originaire de l'Inde et qui s'est répandue dans toute la cuisine méditerranéenne.

Betterave potagère
Plante à racine charnue ronde et rouge, le plus souvent consommée cuite, en purée, en tranches, en julienne, etc. Elle est également très bonne crue.

Beurre
En pâtisserie, on utilise surtout du beurre doux (sauf mention contraire). Si une recette exige du beurre ramolli, pensez à le sortir du réfrigérateur au moins 30 minutes à l'avance.

Bicarbonate de soude
Poudre cristalline blanche d'une saveur légèrement salée. Généralement utilisé pour faire lever les pâtisseries.

Blanchir
Opération consistant à faire bouillir plus ou moins longtemps les aliments dans de l'eau salée, en général pour préparer une cuisson.

Bok choy
Aussi connu sous le nom de chou blanc chinois. Ce légume a un goût frais, légèrement moutardé. Excellent sauté ou braisé. Les pousses de bok choy sont plus tendres et plus délicates.

Boulgour
Grains de blé décortiqués et cuits à la vapeur puis séchés et broyés plus ou moins finement. Très utilisé dans la cuisine du Moyen-Orient, pour le taboulé par exemple.

Canneberge
Airelle des marais dont les baies sont légèrement acidulées. Utilisée en pâtisserie et pour faire des sirops et des confitures. En vente séchées ou en conserve dans les grandes surfaces.

Cannelle
Écorce d'un arbre originaire de Chine ou de Ceylan. Cette écorce se présente en feuilles minces roulées sur elles-mêmes (bâtons de cannelle). Saveur très fine et sucrée, très aromatique. On trouve aussi de la cannelle moulue mais on lui préférera la cannelle en bâton pour aromatiser compotes et entremets.

Câpre
Bouton floral vert-de-gris d'un arbuste de climat chaud (généralement méditerranéen). On trouve des câpres séchées et salées ou conservées dans la saumure. Les plus petites, qui ont été cueillies plus tôt, sont plus savoureuses et plus chères que les grosses. Il est conseillé de bien les rincer avant de les consommer.

Cardamome
Épice originaire de l'Inde et très présente dans la cuisine orientale. On la trouve en gousses, en graines ou moulue.

Chapelure
Poudre élaborée avec du pain rassis réduit en miettes. On trouve de la chapelure toute prête dans le commerce.

Chocolat
Le chocolat est fait à base de pâte de cacao, de beurre de cacao et de sucre (sans oublier le lait dans le chocolat au lait…). Pour les desserts, on pourra utiliser du chocolat en tablette ou des pépites de chocolat (ces dernières sont surtout très utilisées pour les nappages et autres couvertes fines et délicates à réaliser).

Cinq-épices
Mélange parfumé de cannelle, de clous de girofle, d'anis étoilé, de poivre du Sichuan et de fenouil. Vendu en poudre.

Citron confit
Spécialité d'Afrique du Nord. Les citrons sont conservés, généralement entiers, dans un mélange de jus de citron et de sel. On peut les rincer et les consommer tels quels ou les couper en quartiers pour aromatiser tajines et couscous.

Citronnelle
Herbe longue au goût et à l'odeur de citron. On hache l'extrémité blanche des tiges.

Clou de girofle
Bouton floral non épanoui du giroflier, séché et parfois fumé. D'une saveur aromatique chaude et piquante, le clou de girofle est utilisé pour parfumer les pâtisseries.

Coco
Crème : Première pression de la pulpe mûre des noix. Disponible en boîte ou en berlingot.
Lait Il ne s'agit pas du jus contenu dans la noix mais du liquide obtenu par la deuxième pression de la pulpe. Disponible en boîte ou en berlingot.

Coing
Fruit jaune ayant la forme d'une grosse poire et une peau veloutée. Ne peut être dégusté cru à cause de son goût âcre. Délicieux poché, en confiture ou en pâte de fruit.

Coriandre
Aussi appelée persil arabe ou chinois, cette herbe vert vif a une saveur très relevée. On utilise aussi les racines et les graines qui ont des goûts très différents.

Couscous
Semoule de blé dur réduite en grains fins, originaire d'Afrique du Nord.

Crème fraîche
Produit issu de l'écrémage du lait et constitué de lait très enrichi en matière grasse (au moins 30 %). Elle peut se conserver 1 mois à 5 °C. La crème liquide, elle, fermente plus rapidement.

Crème anglaise
Dessert à base d'œufs et de lait, aromatisé à la vanille et parfois agrémenté de zestes d'orange ou de citron. La crème anglaise accompagne généralement des entremets ou des gâteaux. On trouve dans le commerce des préparations en poudre rapides à accommoder.

Crème fouettée
Pour réussir la crème fouettée, il est recommandé de mettre la crème fraîche environ 30 minutes au congélateur. Très froide et ferme, elle montera plus facilement. On peut la fouetter telle quelle ou l'additionner de sucre glace et d'un parfum aromatique (extrait de vanille par exemple).

Cresson
Herbe crucifère poussant dans des lieux humides. Ses feuilles se mangent crues (en salade) ou cuites (en potage ou en sauce). Très périssable, cette plante doit être consommée le jour de son achat.

Curcuma
Racine de la famille du gingembre, séchée puis réduite en poudre d'une teinte jaune intense, très utilisée dans la cuisine asiatique. Elle possède une saveur épicée mais ne pique pas.

Farine
À levure incorporée : Farine de blé tamisée avec de la levure dans la proportion de 10 g de levure pour 230 g de farine.
De blé : Pour tous usages.
De maïs : Utilisée généralement comme épaississant.

Fenouil
Se consomme cru en salade, et braisé ou sauté en légume d'accompagnement. Les graines de fenouil ont une saveur très anisée.

Ficelle de cuisine
Confectionnée dans une matière naturelle comme le coton ou le chanvre, elle n'affecte pas le goût des aliments et ne fond pas à la chaleur.

Feta
Fromage de brebis ou de chèvre d'origine grecque, friable et au goût fort et salé.

Flocons d'avoine
Terme qui désigne certaines céréales aplaties, employées pour des mélanges (müesli) ou pour des bouillies.

Frémissement, frémir
Se dit d'un liquide agité d'un léger frissonnement qui précède l'ébullition. Pour les cuissons prolongées, on gardera ce frémissement.

Fromage frais
Il est issu du lait naturellement fermenté. Plus égoutté que le fromage blanc, il contient donc moins d'eau et offre un aspect de pâte épaisse.

Gélatine
Cette substance protéinique incolore est issue des os ou de certaines algues. Elle permet d'épaissir ou de solidifier certaines préparations culinaires. Disponible en feuille ou en poudre, on la trouve dans la plupart des magasins d'alimentation. On peut la dissoudre dans l'eau ou dans d'autres liquides (bouillons, sirops, coulis…). Pour un effet décoratif, on la mélange avec des colorants alimentaires. Simple à utiliser, il suffit de la plonger quelques minutes dans de l'eau froide. Dans le même temps, on fait chauffer le liquide à gélifier (sans le faire bouillir) puis on mélange les deux préparations.

Genièvre
Baie séchée d'un conifère, le genévrier, elle confère sa saveur caractéristique au gin.

Gingembre
Racine épaisse et noueuse d'une plante tropicale. On l'utilise entière ou moulue.

Gruyère
Pâte cuite originaire du Jura et de Suisse, à la saveur de noisette.

Harissa
Sauce ou pâte marocaine à base de piment rouge, d'ail, d'huile et de graines de carvi.

Hoisin (sauce)
Sauce chinoise épaisse, sucrée et épicée à base de haricots de soja fermentés et salés, d'oignons et d'ail. Utilisée en marinade ou pour badigeonner viandes et poissons grillés ou sautés. Vous pouvez également la faire entrer dans la composition de certaines sauces.

Huile
Olive : Les plus parfumées sont les huiles vierges ou vierges extra. Elles proviennent du premier pressage à froid.
Arachide : À base de cacahuètes moulues. La plus utilisée dans la cuisine asiatique car elle supporte de très hautes températures sans brûler.

Kaffir (citronnier)
Ce fruit de la famille du citron est également appelé combava. Ses feuilles sont très utilisées dans la cuisine thaïe (en ventes dans les épiceries asiatiques). Elles sont meilleures quand elles sont fraîches et peuvent se congeler en petites quantités. Le fruit est plus difficile à trouver et très cher. Il a une peau sombre et très ridée. Son zeste est très parfumé mais il faut absolument éviter la partie blanche car elle est très amère.

Kumara
Nom polynésien d'une patate douce à la chair orangée, à ne pas confondre avec l'igname.

Lait
On utilisera de préférence du lait écrémé ou demi-écrémé, moins lourd et plus digeste que le lait entier.

Lait condensé sucré
Le lait condensé sucré est obtenu à partir d'un lait partiellement écrémé ou totalement écrémé. Le sucre est ajouté en début de processus de concentration. Crémeux, épais et d'une teinte jaunâtre, il est utilisé en confiserie pour la fabrication de caramel. Il entre aussi dans la composition de desserts, de crèmes glacées, de glaçages et de sauces. Les gourmands le dégustent nature, en petits berlingots (on le trouve aussi en conserve).

Levure chimique
Agent levant. Lorsque ce mélange acide et alcalin est humidifié et chauffé, il dégage du dioxyde de carbone qui aère et allège l'appareil à la cuisson.

Maïzena
Fécule de maïs utilisée comme épaississant. On la délaye dans un liquide froid avant de l'incorporer au reste de la préparation.

Mascarpone
Spécialité italienne, le mascarpone est un fromage frais très riche, apparenté au fromage à la crème et à la ricotta. Il est préparé avec de la crème acidifiée et chauffée à 85 °C, ce qui provoque la précipitation du caillé, qui est ensuite séparé du lactosérum par filtrage. Le fromage est légèrement salé et habituellement fouetté. Sa teneur en matière grasse est très élevée.

Malt
Orge qu'on a fait germer et dont on a séparé les germes. Parfume certains plats.

Mélasse
Substance épaisse et brune issue du raffinage du sucre. En cuisine, on utilise la mélasse de canne à sucre.

Mortadelle
Sorte de gros saucisson italien que l'on sert généralement en hors-d'œuvre.

Moutarde
Ce condiment est obtenu à partir de graines de moutarde. Il est plus ou moins fort selon les recettes. La moutarde à l'ancienne, assez douce, présente des graines entières tandis qu'elles sont broyées dans la moutarde forte.

Noix de coco
Fruit du cocotier, la noix de coco pousse en « régimes » composés de 10 à 20 noix à différents stades de développement. Enveloppée dans une coque très épaisse, elle se compose d'une enveloppe fibreuse marron et d'une coque dure marron clair, à l'intérieur de laquelle on trouve une chair blanchâtre. La noix de coco séchée et râpée est très utilisée pour la pâtisserie, comme épaississant ou pour parfumer gâteaux, flancs, crèmes ou salades de fruits.

Noix de macadamia
D'origine australienne, la noix de macadamia peut être mangée nature, salée, rôtie à sec ou dans l'huile. D'une texture ferme, elle est délicieuse caramélisée. Elle entre dans la composition de nombreux desserts.

Noix de pécan
Fruit du pacanier, la noix de pécan a une coquille assez fragile. Longue de 3 à 4 centimètres, elle est de forme ovale. L'amande comporte 3 lobes séparés par une cloison ligneuse. On l'utilise nature (pour l'apéritif) ou dans des tartes, gâteaux, biscuits…

Nouilles de riz
À base de farine de riz et d'eau. Il en existe de différentes largeurs, rondes ou plates. On doit les plonger dans l'eau bouillante pour les ramollir.

Nuoc-mâm
Aussi appelé *nam pla*. Sauce à base de poisson fermenté réduit en poudre (généralement des anchois). Très odorante, elle a un goût prononcé. À utiliser avec parcimonie.

Oignons
Jaune et blanc : Oignons à chair piquante, remplaçables l'un par l'autre ; relèvent toutes sortes de plats.
Vert Oignon cueilli avant la formation du bulbe, dont on consomme la tige verte ; à ne pas confondre avec l'échalote.
Grelot : Petit oignon blanc cueilli lorsqu'il atteint la taille d'un grelot. On le consomme cru, conservé dans le vinaigre, ou cuit dans des ragoûts ou des daubes.
Rouge : Également appelé oignon espagnol. Plus doux que l'oignon blanc ou jaune, il est délicieux cru dans une salade.

Paprika
Piment doux séché et moulu. Existe en version douce ou forte.

Parmesan
Fromage sec et friable, au goût très marqué. Fabriqué à partir de lait partiellement ou totalement écrémé puis affiné pendant un minimum de 12 mois.

Pâte feuilletée
La pâte feuilletée est une succession de couches de pâte et de matière grasse (généralement du beurre) de même épaisseur. Sous l'effet de la chaleur, le feuilletage se soulève, donnant une pâte croustillante et très aérée. Elle est très utilisée en pâtisserie et s'accommode de très nombreuses garnitures. Longue et assez difficile à préparer pour les débutants, elle est vendue au rayon frais des grandes surfaces soit sous forme de rouleaux, soit en paquet à étaler. Choisissez de préférence une pâte riche en beurre, plus calorique mais tellement plus savoureuse…

Pâtisson
Courge ronde et aplatie à bord festonné, jaune à vert très pâle ou beige. Cueilli jeune, sa chair est ferme et parfumée.

Panais
Légume racine de forme allongée et couleur crème, de la famille des ombellifères. Sa chair est blanche est son goût plus sucré que celui de la carotte.

Pepitas
Graines de potiron séchées.

Pide
Pain turc à base de farine de blé et parsemé de graines de sésame, de nigelle ou de fenouil. Il se présente en longues miches plates (45 cm) ou en petits pains ronds individuels.

Pignons de pin
Petites graines beiges provenant de la pomme de pin.

Piments
Généralement, plus un piment est petit, plus il est fort. Mettez des gants en caoutchouc quand vous les coupez et les épépinez, car ils peuvent brûler la peau.
Chipotle : Piments jalapeños séchés et fumés ; la saveur fumée l'emporte sur la force du piment. Ces piments de 6 cm de long sont brun foncé, presque noirs. On les trouve dans les magasins spécialisés dans les épices.
Éclats : Lamelles et graines entières de piments séchés. Ils sont parfaits pour la cuisson ou en condiment, saupoudrés sur des plats cuits.
Moulu : À utiliser faute de piments frais, à raison de 1/2 cuillerée à café de piment moulu pour un piment frais moyen haché.
Sauce de piment douce : Sauce peu épicée composée de piment rouge, de sucre, d'ail et de vinaigre.
Sauce de piment forte : Variété chinoise composée de piment oiseaux, de sel et de vinaigre. À utiliser avec parcimonie.
Rouge thaï : Petit piment allongé rouge vif, moyennement fort.
Cayenne : Piment rouge long, extrêmement fort, généralement vendu séché et moulu (poivre de Cayenne).

Pistache
Fruit du pistachier, la pistache est contenue dans

une coque dure. Sa chair est verte et sa saveur très douce. Elle est utilisée nature ou salée. Délicieuse en pâtisserie. Si vous achetez des pistaches non décortiquées, vérifiez que la coque est entrouverte, signe que la graine est mûre et prête à être consommée. Pour enlever la peau des pistaches décortiquées, faites-les blanchir 2 minutes dans de l'eau bouillante puis plongez-les aussitôt dans l'eau froide. Elles se conservent dans un récipient hermétique, dans un endroit frais et sec.

Poireau
Il appartient à la famille de l'oignon et ressemble à un oignon vert géant mais son goût est plus doux et plus subtil.

Pois cassés
Pois jaunes ou verts séchés. Ils entrent dans la composition de soupes et de ragoûts. Cuisinés seuls avec des épices, ils constituent un plat complet très riche.

Pois chiches
Aussi appelés garbanzos, channa ou houmous, ces pois de couleur sable sont très utilisés dans la cuisine méditerranéenne.

Pois gourmands
Ou pois mange-tout. Plus petits et plus tendres que les haricots mange-tout, ils se cuisent très rapidement (2 minutes), de préférence à l'eau ou à la vapeur. Saveur très délicate. Se consomme au printemps.

Poivre
Outre les principales variétés décrites ici, vous trouverez dans les épiceries fines différents poivres (poivre du Penjah, poivre du Sichuan...) dont les goûts peuvent être subtilement parfumés ou au contraire puissants. Certains sont assez chers mais peuvent apporter une touche très délicate à un plat de fête.
De Cayenne : À base de piments séchés puis broyés, très fort ; il peut remplacer les piments frais.
Vert : Baie du poivrier cueillie verte ; généralement vendu en saumure (ou sec). Son goût frais se marie bien avec les sauces à la moutarde ou à la crème.
Noir : Baie cueillie à peine mûre ; c'est le poivre le plus puissant.

Poivron
Originaire d'Amérique centrale et du Sud, il existe en diverses couleurs, rouge, vert, jaune, noir violacé et orange. Retirez les graines et les membranes avant de l'utiliser.

Ricotta
Le nom de ce fromage de vache à pâte molle blanche signifie "recuite". Il est à base de petit-lait, un sous-produit d'autres fromages, auquel on ajoute du lait frais et de l'acide lactique. La ricotta est un fromage doux avec un pourcentage de matières grasses de 8,5 % et une texture légèrement granuleuse.

Riz
Arborio : Riz à petits grains ronds, à forte capacité d'absorption de liquide.
Basmati : Riz blanc à longs grains très parfumé. Le rincer plusieurs fois avant de l'utiliser.
Au jasmin : Riz aromatique à longs grains, qui peut remplacer le riz blanc.

Roquette
Salade verte au goût poivré. Les jeunes feuilles ont une saveur plus douce. Elle peut être cuite ou consommée crue.

Safran
Sous forme de stigmates ou moulu, il donne une belle teinte jaune aux aliments. Cette épice très parfumée est parmi les plus coûteuses.

Sauce de soja
Elle est composée d'un mélange de haricots de soja, de blé et d'eau qu'on laisse fermenter. La sauce de soja est assez salée, même la sauce de soja claire. Il existe une version allégée en sel.

Semoule de blé dur
Fabriquée à partir du cœur du blé, moulue plus ou moins finement, mais toujours plus fine que la farine ordinaire. Ingrédient essentiel des bonnes pâtes fraîches, des gnocchis et de nombreuses pâtisseries du Moyen-Orient et de l'Inde.

Sésame
Le sésame est une plante touffue dont les fleurs donnent naissance à des capsules abritant des graines ovales, petites et plates, allant du blanc cassé au gris foncé. Elles sont très riches en acides gras saturés et en vitamines. Utilisées nature ou grillées, elles parfument de nombreuses recettes.

Sucre
Dans les recettes, nous avons utilisé du sucre blanc cristallisé, sauf mention contraire.
Brun : Sucre finement granulé dans lequel subsiste de la mélasse qui lui confère sa couleur et sa saveur particulières.
Sucre : glace Sucre extra-fin obtenu par le broyage de sucre cristallisé blanc raffiné ou non.
Semoule : (en poudre) Sucre cristallisé broyé finement.
De palme : Il est confectionné à partir de la sève de certains palmiers. De brun clair à brun très foncé, il se présente sous la forme de blocs durs, à râper. Il peut être remplacé par de la cassonade.

Tomate
Cerise : Tomate petite et ronde.
Olivette ou Roma : Tomate assez petite de forme ovale.
Semi-séchée : Morceaux de tomates partiellement séchés et conservés dans l'huile d'olive. Elle est plus tendre et plus juteuse que la tomate séchée, mais se conserve moins longtemps.

Vanille
Gousse : Longue et fine, séchée, elle contient de minuscules graines noires qui confèrent une saveur incomparable aux pâtisseries et aux desserts. Vous confectionnerez votre propre sucre vanillé en mettant une gousse dans un bocal de sucre.
Extrait : Obtenu par macération de gousses dans de l'alcool ; l'essence de vanille n'est pas un bon substitut.

Vinaigre
Balsamique : Provient exclusivement de la province de Modène en Italie ; fait à partir d'un vin régional de cépage trebbiano. Il doit son parfum unique, à la fois doux et mordant, à un traitement spécial et à son vieillissement en vieux fûts de chêne.
De vin rouge : À base de vin rouge fermenté.
De vin blanc : À base de vin blanc fermenté.

Table des recettes

Les brunchs

Déjeuners sur le pouce

Les plats uniques

Petits creux et plateaux télé

Les desserts

Desserts glacés

Milk-shakes et cocktails

Glaces et sorbets

Douceurs au chocolat

Cakes et gâteaux

• MARABOUT CHEF •

Traduction et adaptation
Farrago

Mise en pages
Domino

Relecture
Philippe Rollet

Marabout
43, quai de Grenelle – 75905 Paris Cedex 15

Publié pour la première fois en Australie
en 2003 sous le titre *Kids Cooking*

Dépôt légal n° 55015 - février 2005
ISBN : 2501-043-79-0
NUART : 4093324/01

Imprimé en Espagne par Gráficas Estella